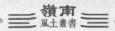

嶺南
風土叢書

客家
風情誌

附羅香林《客家與近代中國》

黃火興 等 著

中華書局

目　錄

前　言

　　何謂「客家」?「客家人」的民情風俗如何?這是許多人所感興趣的。

　　中國有 56 個民族。在佔全國總人口 95% 以上的漢族中,又根據所操方言的不同而分成八個民系,亦即漢語八大方言語系:北方話、湘語、贛語、吳語、閩北語、閩南語、粵語和客家話。

　　操客家方言者,稱為「客家人」。這個漢族民系,祖先居住於中州河洛一帶,主要地域為黃河、長江上中游兩岸,多是仕宦之家、書香門第。自西晉末「八王之亂」,「五族之擾」,棄官南遷(史稱「衣冠南下」),後再經唐末王仙芝、黃巢起義等戰亂,以及南宋高宗南渡,元兵南進之戰亂,幾次大遷徙,轉輾萬里,至南宋末,因客家人文天祥起兵勤王,閩粵贛三省客人大量集

結於福建、江西、廣東三省邊區，以廣東梅州為中心。宋元之間，「民系」始定。後又經清初康熙間的「湖廣填四川」之移民，再及清同治間客家人洪秀全、楊秀清等領導的太平天國運動失敗後，客家人受剿殺被逼向海內外流徙，散處於今中國南方近 20 個省區、200 多個州縣，以及世界五大洲的 100 多個國家和地區。計其人口，估約 8000 萬，相當於德國人口總數。

這人口眾多的「客家人」，在一千多年中，特別是自鴉片戰爭後的 180 年中，英才輩出，叱咤風雲的英雄人物，歷代多有。如唐代賢相張九齡、宋代名臣余靖、起兵勤王之賢相文天祥，明代抗敵名將袁崇煥，清代太平天國首領洪秀全，清代抗法名將馮子材、劉永福，在台灣領導抗日的主要領袖唐景崧、丘逢甲，清末領導辛亥革命，推翻兩千多年封建帝制、建立民國的領袖孫中山，以及其主要助手廖仲愷、鄧仲元、姚雨平，孫中山夫人宋慶齡等，都是客家人或客家人後裔。「黃花崗七十二烈士」中，有不少是客家人士。「紅花崗四烈士」中就有三個廣東客家人。北伐名將葉挺、著名將領張民達、朱雲卿、張發奎、薛岳、陳濟棠，在抗日戰爭中，聞名中外的十九路軍將領蔡廷鍇、徐名鴻、趙一肩、謝

晋元、黃梅興，也是客家人。在國共兩黨老一輩軍政要人中，屬於客家籍的更是不少，因篇幅所限，恕不贅述了。

在客家人中，歷代文人輩出。僅以廣東古嘉應州（今梅縣）為例，清代就有文武舉人 621 人（其中解元 15 人），文武進士 89 人（其中翰林 18 人）。乾隆、嘉慶間出現過連續五科五解元事，史稱「人文秀區」「文冠嶺南」。自清代以來，梅州文風極盛，詩人、作家、科學家輩出。清代的宋湘、黃遵憲、李繡子、溫仲和、胡曦、溫訓、黃香鐵、丘逢甲、林良銓、丁日昌、楊纘緒、何如璋；現代的李金髮、張資平、黃藥眠、林風眠、黃谷柳、黃海章、黃友謀、蒲風、溫流、樓棲、碧野、馮憲章、羅丹、羅香林、羅清禎、鍾惠瀾、李國豪、李國平、李振權、吳桓興、吳三立、潘允中、袁文殊、沈己堯、吳繼岳等等，對中國的科學、文化的發展做出過一定貢獻。清末的《梅水匯靈集》和《梅水詩傳》就收集了嘉應州 650 多位詩人之作 4000 多首（尚未包括大埔、豐順二縣）。為此，梅州被譽為「文化之鄉」。

梅州還被譽為「華僑之鄉」。梅州旅外華僑、華

裔及港、澳人士共有 250 多萬，佔在鄉人口之五成以上。清代以來較著名的僑賢有羅芳伯、張弼士、張榕軒、張耀軒、姚德勝、梁密庵、謝良牧等，他們對孫中山領導的辛亥革命運動支持很大，對家鄉建設也不遺餘力。

梅州，還是個「足球之鄉」。20 世紀 40 年代聞名中外的「亞洲球王」李惠堂，就是梅州五華縣人。

被譽為「三鄉」的梅州，是客家人最集中的聚居地，全市 430 萬人口中，95% 以上是客家人。八縣區中，除豐順縣有少數潮州人和幾百個「畬族人」外，其餘均為純客地區。客家人自宋末在閩粵贛邊區形成「客家民系」以來，一直以廣東梅州為聚居中心，以梅州為「大本營」和集散地。據考查，現居全國各省區和世界各地的客家人，其祖先絕大多數都是由古梅州、嘉應州（即今梅州市）遷去的，極少數由江西、福建直接遷去。因此，客家人的方言（客家話），中國政府規定「以梅縣話為標準」。各地客家的風情民俗亦與梅州客家大同小異。為此，自近代以來，海內外人士凡研究「客家」的專家學者，均以研究廣東梅州客家為主，其他地區的客家為輔。

　　鑒於上述情況，本書所述客家風情民俗，都以廣東梅州為主要依據，旁及其他客家地區。但作為「民情風俗」，古語有云：「百里不同風，十里不同俗」，實際情況，也確實如此。就在梅州城區只隔一條梅江的南北兩岸，有些風俗就不盡相同。這樣，書中所談客家風情只能求大同而存小異了。

編著者

一

客家探源

1 客家人的來龍去脈

何謂客家人？

早自 19 世紀 50 年代起，中外學者便對客家人有較多論述，其中，以原中山大學教授、客家先賢羅香林先生之論較為詳細和準確。後之論者，多附和其說，而且大同小異。共識是：客家人（又稱「客家」或「客人」）原是中原漢民、炎黃裔冑，遠祖多書香門第、仕宦之家。自西晉末「永嘉之亂」（五胡亂華）後，為避異族踐躪及戰亂，被迫舉家南逃，史稱「衣冠南下」，始遷穎水，輾轉江淮，為客家先民之首次大遷徙；後數百年寄籍江淮之間，客居他鄉。至唐宋王仙芝、黃巢起義，客民因戰亂再南遷於閩、贛，部分進入梅州；南宋末，元兵南侵，朝廷崩毀，客民多隨文天祥起兵勤王南下，始大批進入粵東、粵北。此為客民最主要之

「三遷」。客家人在粵東北之梅州集結定居，久之反客為主，民系始定。為區別當地土著，自稱「客籍人」或「客家人」。

關於客家人所屬民族問題，曾經有過一場論爭。有人認為客家人不是漢族人，並將「客」字加偏旁「犬」成生造之「猲」字，稱「猲人」，這是對客家人的污辱。清代音學大師章太炎選取六十餘條客家話詞語，用《說文》《爾雅》《方言》《禮記》《毛詩》《戰國策》《老子》等古代典籍考證，說明客家話並非外族語，而只是漢語的一種方言。客家人是遷徙自中原的炎黃子孫，茲附其遷徙路線說明——

第一次：自東晉，受五胡亂華影響，由中原遷至鄂豫南部，及皖贛沿長江南北岸，以至贛江上下游，為遷移之第一時期（由公元 317 年至 879 年）。

第二次：自唐末受黃巢事變影響，由皖豫鄂贛等第一時期舊居，再遷至皖南，及贛之東南，閩之西南，以至粵之東北邊界，為遷移之第二時期（由公元 880 年至1126 年）。

第三次：自宋高宗南渡，受金人南下元人入主之影響，客家先民之一部分，由第二時期舊居，分遷至

客家遷徙路線圖

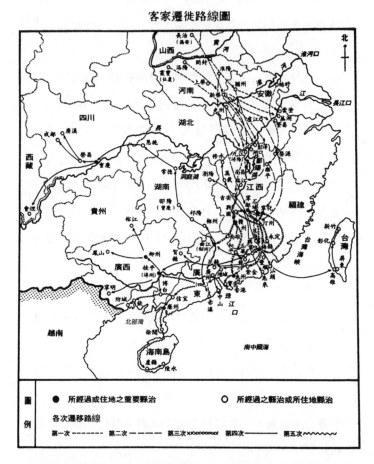

（ 本圖按羅香林教授及黎敏斐教授於1950年的研究材料重繪 ）

粵之東部、北部，為遷移之第三時期（由公元 127 年至 1644 年）。

第四次：自明末清初，受滿洲人南下之影響，客家先民之一部分，由第二第三時期舊居，分遷至粵之中部及濱海地區，與川桂湘及台灣，且有一小部分更遷至貴州南邊及川藏邊界之會理，為遷移之第四時期（由公元 1645 年至 1867 年）。

第五次：自同治間，受廣東西路事件，及太平天國事件之影響，客家一部分人民，分遷於廣東南路與海南島等，為遷移之第五時期（公元 1867 年以後）。

值得注意的是，太平天國洪秀全之先世，乃於第二時朗自婺源，遷江西樂平，嗣遷福建寧化，至第三時期，遷廣東海陽湯田（湯田後改置豐順縣），旋遷嘉應州，第四時期由嘉應州遷番禺、南海北部之花山（嗣改置花縣）。

此外，孫中山之先世，亦於第二時期自河南陳州（今淮陽），遷江西寧都，嗣遷福建汀州，至第三時期，由汀州遷廣東永安（今紫金），第四時期由永安初遷增城，接遷中山縣。

客家人的形成和分佈

據考史書和梅州地方史志，「客家人」的形成時間，應在南宋末年。此時，上述中原南下之「客籍」人，已遍佈於江西南部、福建西南部和廣東東北部，成村、成鄉甚至成縣地聚集定居下來。自稱「客家人」的這支漢族民系，已在以梅州為中心的閩、粵、贛三省邊區形成。以後，明末有部分客家人追隨鄭成功東渡台灣，清康熙年間又有「湖廣填四川」移民運動等，上述地區的客家人，便有部分先後徙往其他地區定居，逐漸遍佈於東南半個中國以及僑居於世界五大洲。

細而述之，今天的客家人究竟分佈於哪些地域呢？

僅據羅香林先生的《客家研究導論》《客家源流考》、台灣陳運棟先生的《客家人》、新加坡的《客總會訊》以及梅州黃氏族譜 ——《江夏淵源》等書刊、報紙和族譜資料的不完全統計，有客家人聚居的地區，覆蓋及全國 18 個省級行政區，230 多個縣市。其中：

江西省

純客家話地域九個：尋烏縣、定南縣、全南縣、信豐縣、大余縣、崇義縣、上猶縣、南康區、龍南市。非

純客家話地域 20 個：于都縣、寧都縣、會昌縣、興國縣、石城縣、廣昌縣、永豐縣、萬安縣、遂川縣、吉安縣、萬載縣、修水縣、吉水縣、泰和縣、彭澤縣、湖口縣、贛縣區、萍鄉市、瑞金市、井岡山市（多 20 世紀 30 年代遷去的廣東梅州居民）。

福建省

純客家話地域五個：寧化縣、長汀縣、上杭縣、武平縣、永定區。非純客話地域十個：將樂縣、清流縣、明溪縣、連城縣、平和縣、詔安縣、南靖縣、沙縣區、新羅區、南平市。

廣東省

據廣東省地方志辦公室調查統計，純客家話地域共七個：大埔縣、平遠縣、蕉嶺縣、五華縣、梅縣區、梅江區、興寧市。客家人佔總人口 91% 以上的地域達十個：新豐縣、陸河縣、豐順縣、翁源縣、始興縣、和平縣、龍川縣、紫金縣、連平縣、南雄市。客家人佔總人口 51%～90% 的地域有七個：揭西縣、乳源縣、惠東縣、曲江區、惠陽區、英德市、樂昌市。

客家人佔總人口 21%～50% 的地域有 16 個：仁化

縣、龍門縣、博羅縣、佛岡縣、陽山縣、電白區、花都區、增城區、從化區、廉江市、信宜市、化州市、四會市、陸豐市、連州市、陽春市。另有 28 個地域，為客家人佔總人口的 20% 以下：饒平縣、惠來縣、封開縣、德慶縣、新興縣、懷集縣、郁南縣、廣寧縣、海豐縣、連山縣、連南縣、陽西縣、斗門區、南海區、三水區、高明區、高要區、新會區、台山市、恩平市、開平市、鶴山市、普寧市、雷州市、雲浮市、陽江市、東莞市、中山。尚有九個地域有少量客家人居住：遂溪縣、徐聞縣、南澳縣、澄海區、順德區、番禺區、吳川市、高州市、羅定市。

海南省

海南省無純客家話縣市，有客家人聚居的地域九個：臨高縣、定安縣、陵水縣、澄邁縣、文昌市、萬寧市、儋州市、三亞市、海口市。

廣西壯族自治區

廣西壯族自治區無純客家話縣市，有客家人聚居的地域共 41 個：藤縣、貴縣、容縣、武宣縣、平南縣、博白縣、陸川縣、昭平縣、平樂縣、合浦縣、灌陽縣、

鍾山縣、三江縣、羅城縣、柳城縣、象州縣、陽朔縣、
蒙山縣、興業縣、馬山縣、東蘭縣、南丹縣、鳳山縣、
鹿寨縣、環江縣、扶綏縣、寧明縣、玉州區、城中區、
八步區、防城區、萬秀區、武鳴區、宜州區、興賓區、
江州區、桂平市、北流市、欽州市、橫州市、荔浦市。

四川省

四川省無純客家話縣市，有客家人聚居的地域共
11 個：瀘縣、資中縣、儀隴縣、東興區、新都區、錦江
區、雙流區、耀州區、隆昌市、廣漢市、都江堰市。

重慶市

重慶市無純客家話縣區，有客家人聚居的地域共三
個：涪陵區、巴南區、榮昌區。

台灣地區

台灣地區無純客住縣。多古梅州（嘉應州）和閩
西、惠州等地遷去的移民。光原籍蕉嶺縣者就有 40 多
萬人，遍佈「六都十三縣」。

河南省

非純客住地域共十個：光山縣、固始縣、商城縣、
正陽縣、湯陰縣、修武縣、建安區、鼓樓區、灄河區、

鞏義市（據有關信息，內鄉縣亦多客家聚居）。

湖南省

　　非純客住縣有：汝城縣、瀏陽市、平江縣、新田縣、宜章縣（據有關資料悉，瀘溪縣、新寧縣、會同縣、東安縣、天心區、醴陵市亦有客家聚居）。

湖北省

　　紅安縣、麻城市。

安徽省

　　定遠縣。

　　僅以上 12 個省區的 222 個縣市中，純客住縣及基本純客住縣共有 31 個左右，其餘均為「土客雜處」之非純客縣。另據有關材料信息，雲南、貴州、江蘇、浙江、新疆及西藏等省區均有一些小區域的客家人聚居地。僑居海外的客家華僑和外國籍客家人及港澳台客籍人士，則散佈於世界五大洲的 100 多個國家和地區。

客家人口知多少

　　全世界的客家人究竟有多少？目前沒有詳細資料可查。據「世界客屬總會」估算，約為 8000 萬，這個數

字是大致可信的。羅香林在其所著《客家研究導論》一書中提供了一個數字，可供參考。他說：「民國十九年（1930 年）秋，客屬旅省各團體致建設廳長公函，則謂粵東九十餘縣中，其全數為客人者迨三十餘縣，多數為客人者，亦三十餘縣，其餘各縣均莫不有客人佔籍，計其人口，約佔全粵人口泰半，若合廣西及南方各省計之，總數當在四千萬以上，云云。」

以上數字之統計時間，距今已有 90 年。這 90 年來，中國人口已成倍增長。如 20 世紀 30 年代抗日戰爭時期，全國總人口稱四萬萬五千萬，而今僅隔 90 年，全國總人口已超過 14 億，增近三倍半。客家人多居住於東南各省人口繁殖快之地區，其總人口之增長恐亦不低於其他民系。

2 客家大本營——梅州

乘坐每天往返兩班的波音 737 航機從廣州出發，或乘坐每周往返兩班的航機從香港出發，不到一個小時，便可到達粵東北重鎮梅州市。

梅州市是客家人居住最密集的地區。全市 544 萬人口，95% 以上為客家人，講客家話。在海外及港澳台的梅州市籍鄉親又佔全市人口數的五成左右。現在散處中國各省區的客家人，其祖先也多是由梅州（古稱嘉應州）遷去的。因此，梅州市被稱為客家人的「大本營」，的確名符其實。

歷史沿革

梅州市地處山區，北與西北毗鄰江西、福建兩省的廣大內陸腹地，東與東北與福建省相連，西與河源市為鄰，南接汕頭市，水陸交通方便，地理環境優越。

梅州市開發歷史悠久，遠在新石器時代就有人類在這裏居住。20 世紀 50 年代以來，考古工作者在市內幾十處地方挖掘出大批石器和陶器，還發現有西周時期的古窰址和戰國時的編鐘，這證明梅州至少也有五六千年的人類社會歷史。

秦朝以前，五嶺以南的地方被稱作南越，是「蠻荒之地」。秦朝時，秦始皇派任囂、趙佗開發南越，設立行政管理機構。梅州初屬南海郡，以後隨着人口增長和經濟發展等原因，其建制又多有變化。

梅縣最初命名為程鄉縣，約建於南朝齊年間（479年－502年），至五代後晉開運三年（946年）置敬州，領程鄉一縣。北宋開寶四年（971年）改稱梅州，相傳因其地多梅花，故名。至清朝雍正十一年（1733年），程鄉縣升格為嘉應直隸州，撤程鄉縣，歸為州行政直轄，下轄平遠、鎮平（今蕉嶺縣）、長樂（今五華縣）、興寧四縣，嘉慶十二年（1807年）又復設程鄉縣，此即謂「嘉應五屬」。1916年後，曾一度命名梅州，後改稱梅縣。所以，至今海外人士提起嘉應州仍熟知為梅州市之代稱。

1949年秋，設立興梅專區，專署設在梅城，轄梅縣、興寧、五華、大埔、豐順、平遠、蕉嶺七縣。後來建制幾經變遷，至1988年三月成立梅州市，實行市管縣體制。梅州市現轄上述七地和梅江區（其中，梅江區和梅縣區為梅州市城區，統稱梅城）。

古城新貌

梅州市丘陵起伏，土壤肥沃，是南亞熱帶北緣與中亞熱帶南緣的連接地帶，冬短夏長，光照充足，雨量充沛，氣候溫暖，有很大的農業生產潛力。

　　梅州市的地下資源和水力資源較為豐富。具有發展工業和開發能源的優越條件。全市可開發利用的水力資源有 124 萬餘千瓦。已探明的礦藏有 48 個品種。其中煤炭儲量佔廣東省總儲量的三分之一，石灰石儲量佔全省總儲量的二分之一左右。目前，梅州市的機械、電子、化工、建材、輕紡、陶瓷、食品、礦產八大工業已十分成熟。

　　梅州市的交通運輸比以前大有發展。已建成使用的梅縣機場可起降空客 A320、波音 737 飛機，每天有班機飛廣州，每周有兩趟航班直通香港、台中、曼谷，真是「萬里家園一日還」。市內公路四通八達，更有梅惠高鐵、梅龍高鐵以及廣梅汕鐵路連接周圍城市，大大促進了當地的對外交流。

物華天寶

　　梅州市特產豐富。水果有：梅縣丙村、雁洋的沙田柚，石扇西瓜，石坑柿餅，松口和梅塘的楊桃；興寧龍田的龍眼，合水柑桔；五華的桃駁李、細核荔枝；蕉嶺、平遠的化州桔；豐順的銅盤李，留隍香欖等，頗負盛名。名茶有：梅縣的陰那山茶和清涼山茶、大埔的西岩

茶、平遠的鍋篤茶、蕉嶺的黃坑茶、廣福和華僑農場的烏龍茶、豐順的水仙茶等。梅縣的雙料喉風散、劉聾跌打丸、桔紅丸和興寧的八寶驚風散等藥品亦飲譽海外。此外，梅縣的捲煙、竹製工藝品、白渡牛肉乾；五華的長樂燒酒、紅麴；興寧的棉紡織品、珍珠紅酒；大埔的陶瓷；平遠、蕉嶺的松香、竹木；豐順的榛糖、蔗糖、紫膠、蘑菇，留隍草蓆等等，都是具有特色的產品。

梅州市有不少名勝古蹟可供遊覽。梅縣陰那山五指峰山勢雄奇，半山有千年古剎靈光寺，是廣東省重點文物保護單位。梅州市區還有梅州大會堂、梅州公園、百

靈光寺

花洲影劇院、嘉應大橋、東山大橋、名詩人黃遵憲的故居「人境廬」、東山千佛塔、大東南勝境可供遊覽。蕉嶺的丘逢甲故居和紀念館、長潭一線天瀑布，梅縣松口的元魁塔、南口的客家雙層圍屋、泮坑瀑布，平遠南台山、五指石，豐順湯坑溫泉，興寧合水水庫、神光山，五華益塘水庫，大埔西岩山、楓溪林場原始次森林，均為省內著名遊覽區。

地靈人傑

梅州市素有「文化之鄉」「華僑之鄉」「足球之鄉」的美譽。

「文化之鄉」主要表現在教育發達。梅州市興辦教育事業發軔於宋代，至清朝中葉，文教事業已相當發達。嘉慶二十年（公元 1815 年），在嘉應州參加秀才考試的就有一萬多人，那時讀書人已佔總人口的三分之一。甲午戰爭後，接受外來文化影響，開始創辦新學。晚清同治、光緒年間，嘉應五屬出現不少詩人。光緒十二年由胡曦編的《梅水匯靈集》，共收入州內 190 餘位詩人的詩作 1981 首。光緒二十九年春，由張榕軒、張耀軒兄弟出資編撰的《梅水詩傳》並《續集》《再續集》

共十五卷，收入了 635 位詩人的詩作兩千多首。

民國以後，文教日盛。僅以梅縣而論，至 1949 年就有中學 40 多間，小學 800 多間，居全省之冠。抗戰前後，還辦有嘉應大學和南華學院。報館則有《汕報》《民報》《中山日報》等十餘家。

至 20 世紀 50 年代初，梅州的教育質量已居全省之冠。2020 年底，全市共有示範性高中 11 所，高等院校六所。還辦有各種報刊：《梅州日報》《嘉應鄉情報》《梅江科技報》《客家民俗報》《嘉應文學》《嘉應僑史》《僑聲》《客家人》和《嘉風》（詩刊）等。成立了市文學藝術界聯合會、市社會科學聯合會、嘉應民俗學會、嘉應詩社、嘉應攝影學會等文化藝術團體。各區縣的圖書館、博物館收藏不斷豐富。文藝團體有廣東漢劇院、市山歌劇團以及各區縣山歌、漢劇、木偶、採茶等十多個專業劇團。

梅州市是廣東省重點僑鄉之一。據粗略統計共有華僑、海外華人和港澳台人士 290 多萬人。全市還有170 多萬歸僑、僑眷和港澳台胞家屬。近些年來，海外華僑、港澳台人士捐資興辦家鄉各項文教公益事業者眾多，不少人還投資興辦實業。

梅州市開展足球運動有近百年歷史。20世紀40年代，五華縣就出現了叱咤足壇25個春秋的「亞洲球王」李惠堂。1956年，中國國家體育運動委員會正式授予梅縣「足球之鄉」稱號。截止2020年8月，梅州市有「一甲一超」兩個職業足球俱樂部，有中國各級職業足球聯賽在役球員33人、國家級校園足球特色學校105所，每年舉辦的各類足球比賽4000多場。全市共有各類足球場地726塊，每萬人擁有場地數量1.85塊，居廣東全省第一。

二 優美的民風

1 艱難創業，愛國愛鄉

客家先民，在一千多年的播遷中，在極其艱難險惡的自然環境和社會環境中求生存、圖發展，逐步形成了「客家精神」。這種精神，其實就是中華民族優良道德品質和偉大氣魄的具體表現。概括而言，大抵有如下幾個方面：

艱苦創業

客家人，中原發祥，幾經離亂，在南遷過程中歷盡艱辛，在荒蕪山區安家立業，家中無論男女長幼，均需努力謀生，養成了堅忍卓絕、刻苦耐勞、艱苦創業的精神。所居地區，山多田少，土地貧瘠，「八山一水一分田」，謀生艱難，故又養成了客家人向外發展，冒險探索的精神。男子外出營生，多向南洋各地發展，女子則

留家教養子女，敬奉公婆，分工合作，各盡其責。「圍條褲頭帶出門，挑擔番銀轉家園」，客家人以堅定的信念，在海外披荊斬棘、慘淡經營，為社會創造了巨大的財富。數百年來，在海外開拓創業成就卓著的客籍人士不乏其人——

羅芳伯是梅縣石扇人，清乾隆五十七年，因不滿清廷統治，邀集親朋遠渡重洋，到了加里曼丹西部的坤甸，後來創立了遠近聞名的「蘭芳公司」，從事墾殖與採金等事業。由於他領導有方，後來成立以「蘭芳公司」為主體的政企合一的自治機構時，被推選為「大唐總長」（又稱「大唐客長」）。「蘭芳公司」歷時 108 年，後來才因荷蘭殖民主義者的吞併而消亡。

張弼士，大埔縣人。1858 年到印尼巴城做工，後來以承包酒稅白手起家，投資墾殖開發業，艱苦經營，逐步成為百萬富翁。他在國內投資創辦「張裕葡萄釀酒公司」，產品「白蘭地」酒獲國際金獎，這就是至今仍行銷海內外的「金獎白蘭地」酒。他的成就，受到當時清政府的嘉獎。

姚德勝，平遠縣人。1878 年，為生活所迫，十九歲遠渡重洋謀生，先在馬來西亞當礦工，經過多年奮

張耀軒

鬥，稍有積蓄才轉在怡保市經商，後來成為當地富商，然後再開礦業。至 1888 年，企業礦工已達三萬多人，佔怡保市六萬多人的 57%。人稱他為「姚百萬」。

張榕軒、張耀軒兄弟，梅縣松南人。清光緒年間因家貧赴南洋荷屬蘇門答臘做工。因艱苦儉樸，為人老實，得到老闆張弼士的信任與鼓勵支持，後來成為棉蘭市的首富。

愛國、愛鄉土

客家人普遍都存在強烈的國家觀念和民族意識，這是由於客家先民遭受戰亂和異族壓迫，被迫背井離鄉，流移轉徙。他們從苦難中總結出歷史教訓：沒有強盛的國家，就沒有安定幸福的家園；而不抵抗外來侵略，就不能保住自己的國家；而要保家衛國，就要全民族的團結奮鬥。客家先民，據各姓族譜記載多是書香門

第、仕宦之家，或是皇親國戚。他們自西晉末「永嘉之亂」後，被迫由中原一帶不斷向南遷徙。客家人的每一次遷徙，都是由於國弱民貧引起內亂外侮造成的，因此他們對於國家的觀念也最為強烈。在近千年的歷史中，愛國英雄層出不窮。南宋末的民族英雄文天祥是江西客家人，起兵勤王，所率部隊亦多是閩、粵、贛三省客家兵；明末抗敵名將袁崇煥是東莞客家人，英名傳千古；抗清烈士張家玉、林丹九、賴其肖均是梅州籍人；清代抗法名將馮子村、劉永福是廣西客家人，名揚天下；太平天國領袖洪秀全，祖籍梅縣石坑，他下屬各王及將領亦多是客家人，兵多為客家兵。孫中山先生領導的辛亥革命，推翻兩千多年的封建帝制，建立了中華民國，他也是客家後裔。近代以來，在辛亥革命和抗日戰爭中湧現出的客籍愛國英烈數以千計。

客家人有強烈的民族意識。客家人是漢民族的一支，但由於歷史的原因，被迫不斷流徙，遭遇無數苦難，同時亦曾因他人不懂「客家」來由而經受歧視與欺凌。為此，客家人對於「民族」的意識特別強烈。還有兩點特別突出：一是對民系淵源的關注，重視「客家」的研究，從近代至當代，都有不少仁人志士、學者

專家，十分注意研究客家歷史，現在世界上正興起客家研究熱；二是對族譜、家譜的編修，客家人各姓都有世代相傳的本氏族譜和家譜，他們從對族譜和家譜的研究中，弄清了本姓本家的淵源，從而又考證了本民系（客家人）的來由。

客家人有強烈的愛鄉觀念。客家華僑和華裔外籍客家人，即使他們幾代在外，甚至入了外籍，對故土之思，仍舊魂牽夢繞；漂洋過海，還要尋根向祖。他們都力爭多為家鄉建設事業盡力。

崇文尚武

客家人有句俗諺，叫做「書愛讀，打愛練，老婆唔討隨方便」。此俗諺中的「書愛讀，打愛練」就是既崇文，又尚武。這也是客家人的傳統精神。

先說「崇文」。南宋以後，客家人逐漸定居於「百粵之地，荒蠻之域」，人口繁衍快，地少人密；欲求生存，只好外出謀生。要外出謀生，就要有文化，因此注重文教，有「賣田賣屋也要供子弟讀書」之說。所以，客家人力求上進，讓子弟「知書識禮」。客家兒歌中，有「蟾蜍羅，咯咯咯；唔讀書，無老婆」，「賭博錢，

取眼前；生意錢，沒幾年；讀書錢，萬萬年」之句，藉以教育人們，懂得讀書從文之好處。客家人普遍注重文教，自宋開文教之先河，明代詩人輩出，至清中葉文風鼎盛。民國至今，著名的文人學者，亦代出不窮。清中期，梅縣的宋湘詩書並著，其著作《紅杏山房詩鈔》，迄今不朽；鎮平（今蕉嶺）黃香鐵，五華溫訓，詩名遠揚；梅縣李象元，公孫三翰院；大埔楊纘緒，兄弟三翰林；梅縣的王壽山、李繡子、吳蘭修，興寧胡曉岑等，皆有名望；詩入《梅水詩傳》《梅水匯靈集》者，數以千計。清末，梅縣黃遵憲、大埔何如璋、豐順丁日昌，都是著名的詩人；蕉嶺丘逢甲是抗日保台、文武雙全的民族英雄。近現代的著名詩人、作家、畫家亦不可勝數，諸如黃藥眠、林風眠、張資平、李金髮、蒲風、馮憲章、袁文殊、黃海章、吳三立、潘允中、杜埃、樓棲、碧野、羅丹、羅清禎等等，均是梅州人氏。

以武而論，客家人由於歷史上屢受異族壓迫而不斷南徙，居無定所，因而反抗壓迫的精神特別強烈，團結精神也特別好。其主要表現是「尚武」。上述文天祥、洪秀全、孫中山均是客家人或客家後裔。明末梅州的李二何身任太子侍讀，在明朝滅亡後，仍暗攜太子南下，

歸隱陰那山,在松口一帶招兵訓練,以圖東山再起。

　　辛亥革命中,孫中山的主要助手廖仲愷、鄧仲元、姚雨平等亦是客家人。北伐名將葉挺,以及著名將領朱雲卿、張民達等亦是客家人。孫中山在籌劃革命中,得到海外客家人謝逸橋、謝良牧、溫靖侯、張榕軒、張耀軒、梁密庵、姚德勝等資助。許多客籍華僑回國投身革命。「黃花崗七十二烈士」中的陳文褒、饒輔廷、林修明、周增、孫學齡等和「紅花崗四烈士」中的溫生才、陳敬岳、鍾明光三人,均為梅州人氏。

蔡廷鍇

　　抗日戰爭中,著名的十九路軍將領蔡廷鍇、趙一肩、徐名鴻,以及謝晉元、黃梅興等,均是客家人氏。在中共的解放軍中,許多中外聞名的將領,朱德、葉劍英、劉亞樓、蕭向榮、蕭華等,也都是客家人。

客家人的「尚武精神」，主要表現在從軍，以武力救國。而在民眾中，則崇尚武術。舊時，幾乎村村開設「拳館」或「武術館」。僅在梅州地區就有「李家教」「刁家教」「朱家教」「岳家教」「少林派」「洪拳」等武術流派。海內外客家人習武強身活動至今風氣極盛。

2 聚族而居，數代同堂

「族居」習性的形成

在粵閩贛三省邊區居住的客家人，向來都有聚族而居的習性（這個「族」，係指「族姓」）。每個村莊，往往有幾個、甚至十幾個姓，不論人多人少，每姓都聚族居住在一起。每個大屋中，一起居住着上下幾代人中的幾十、幾百人，都是有譜可查的親房兄弟叔姪。人口繁殖多了，一屋住不下時，其中經濟條件許可的，則遷出另開基業，一般也只是在靠近老祖屋的地方建房。這樣，久而久之，便連成一大片共姓人家。甚至發展成整個村，或一連幾個村都是同姓人。每個姓都有祖宗祠堂，逢年過節，族人均須到祠堂祭祀祖先。過去，各族

聚族而居的客家山村

姓均有「族長」（俗稱「叔公頭」），凡族中大事，均
由他出面召集各房代表議決。這種情況，很有點古代
部落、部族的味道，直到 20 世紀 50 年代初，才逐步改
變。但是，客家人的族情觀念，卻至今仍非常強烈。聚
族而居的狀況，在鄉下也仍然沿襲下來。

　　客家人為什麼會形成這種習性呢？這與「客家人」
形成的客觀歷史有密切的關係。前面已經談過，客家先
民原是中原一帶漢民，因戰亂、饑荒等各種原因，被迫
南遷，先進入安徽、江浙，再遷江西、福建，後進入廣
東。至宋末，歷時近千年，輾轉萬里，終於在閩粵贛三
省邊區形成客家民系。在他們被迫離鄉背井，流徙他鄉

的過程中，經歷千辛萬苦，他們都有深切的體會：不論
是在長途跋涉的流離中，還是新到一處人生地不熟的居
地，都有許多困難，都得靠自己人團結互助，同心同德
去解決。因此，他們每到一處，本姓本家人總要聚居在
一起。這樣，也就形成了客家民居的獨特建築形式。

巨大的土樓

當客家先民於唐末宋初第二次大遷徙，來到江西
南部和福建西南部時，起初仍準備再遷，乃結茅為屋暫
住。以後在宋朝政局穩定後，他們便定居下來。簡陋
的茅房土屋也就改建成了磚砌瓦蓋的土樓。後因朝政腐
敗，羣盜流竄為害，加之因當地土著居民排外而引起
「土客之爭」，客家人為了防盜和防外人侵犯，只好進
一步聚族而居，將較分散的小屋建成連居的大屋，又將
一層大屋建成多層的高樓。南宋末至清初，客家人最集
中的地區是閩西南的寧化、邵武、汀州、永定、上杭、
南靖一帶。故閩西南一帶，聚族而居的土樓最多。永定
區一帶，至今仍有很多人居住土樓。土樓有圓形和方形
兩種，都是碉堡形的全封閉式。

永定區古竹鄉的「承啟樓」，是最大的圓形土樓，

俗稱「圓寨」，它建於清康熙年間（公元 1622—1722
年），全樓內外四圈房屋，外高內低。外圈周長 229.4
米，高 12.4 米；樓有四層，每層有 72 間；底層牆厚 1.5
米。底層為廚房、飯廳；二層儲藏糧食；三層和四層為
臥室。第二圈為二層，每層四十間。第三圈為一層，
32 間。第四圈，實際上不是圈，只是一間大廳，作全
樓族人議事和舉行婚喪喜慶及其他活動的場所。全樓總
佔地面積為 1600 平方米，共有 400 間房。樓內有兩口
水井，興旺時期住 80 戶、600 多人（該樓已編入《中國

「四菜一湯」，福建永定的方樓（中間）和圓樓（四周）

名勝辭典》）。洪坑鄉的「振成樓」圓寨，以華麗堂皇著稱。它按「八卦圖」建造，卦與卦之間設有防火牆，整體設計有花園、學堂等。樓內油漆雕塑、裝飾秀麗。1985 年四月，美國洛杉磯舉辦「國際建築模型展覽」，振成樓與北京的天壇等模型一起在會上展出。方形樓的代表則是「遺經樓」，座落在高陂鄉，佔地 3132 平方米，建築規模巨大。

　　除上述圓形和方形土樓外，稍後又有仿中原官邸而建築的府第式的「五鳳樓」。永定區富嶺村的「大夫第」就是典型一例。它院落重疊，高低錯落，佈局合理，配以巨大出簷的九脊頂，莊重壯觀。撫市鎮的「永隆昌」樓，則是方形樓與府第式相結合的混合式典型，氣勢雄偉，結構精巧，配置得當。內有住房、廳堂、轎舍、馬廊等。

　　上述各種土樓，一般都預備「五代同堂」居住，有百間、數百間房，可住百數十人至數百人。基本上都是封閉式或半封閉式的。把大門關上，便如城堡，「堡」內有糧食、有水井、有學校等。既可防盜、防獸，又可防禦外敵。

　　這種聚族而居的土樓，就地取材，施工簡便，造

價低廉，結構牢固，具有通風、採光、防震、防火、防盜等優點。現存的最大屋宇均歷數百年。永定區湖雷鎮的「大樓廈」，據初步考察，已有千年之久，至今還有七八戶人家居住。

圍屋及其發展

南宋末期，元兵南侵，江西客家人文天祥丞相起兵勤王，閩贛客家人多參加義軍南下，直抵粵東梅州（今梅州市）。梅州客家人亦踴躍參加義軍。義軍失敗後，梅州一帶客民被元兵大肆殺戮，以至州境地曠人稀。原閩贛客民，主要是閩西南的寧化、汀州、永定、上杭一帶的客民，便大量遷居梅州，仍保持聚族而居的傳統，並按各姓族在山坡上結茅紮寨居住，故梅州市各地，至今留下許多帶有「圍」字、「寨」字的地名。據考證，此即為各姓梅州開基祖的落腳點。後來發展成為磚砌瓦蓋的大圍屋或方形圍屋。現在大埔、蕉嶺等地仍有十幾座土圍樓屋。明清之間，尤其在晚清以後，政府開放海禁，梅州男人多出南洋謀生，華僑日多，有許多人賺了錢，便回鄉建大屋。此時所建房屋，雖是獨家獨資所建，但仍然受聚族而居習性影響，多是要求屋大、房間

多，牢固安全。殿堂式、圍龍式、縱列式和四點金式就是當時的產物。

殿堂式，是在閩西的「府第式」基礎上改進的，為仿古代中原官邸府第建築，一般是「二字（二進）二橫」，大的有「三字（三進）二橫（或四橫）」，「三堂出水」，人們習慣稱為「十廳九井」（井為「天井」）、「九廳十八井」，內正面分上中下三個大廳，左右對稱設兩廂或四廂（橫廳），有花廳、書房，講究的還有練武廳。上中下堂左右房間，按輩份依次居住，左右橫屋房間則居住其他人。門口有半月形池塘，用圍牆圍起，外設總大門。屋內或屋門口有水井。屋後和兩側向外之牆，一般不開窗戶，有的只開小石窗，以作對外瞭望、射擊之用。全部外門關起來，乃似一座城堡。這種屋用泥土、熟石灰、沙三合土夯成，堅固耐用，一般可供幾十人甚至幾百人居住。如梅縣松口的「源遠樓」、南口的「南華又盧」等。

圍龍式，是殿堂式的改進。只是在殿堂式後面，加建半月形圍牆式房（內隔成十幾二十幾間）。把屋後圍起來，稱為「圍龍」。圍龍須銜接正屋的左右最外邊的橫屋。圍龍閒空地稱「花頭」，可栽花種果。如房屋不

梅州興寧的圍龍屋

　　够住時，可再加一條「圍龍」。圍龍屋比殿堂式屋更安全，也可住更多人。這種房屋在梅縣僑鄉到處都有。梅縣程江的「濟濟樓」，曾駐過一個團的軍隊。

　　縱列式，多在山區山門較窄、屋場較少的山腳下興建。一列就是一幢橫屋，一連做幾幢、十幾幢橫屋，連排在一起，裏面相通，每兩幢之間裝一扇大門，正中間為總大門。如梅江區泮坑的「八槓樓」，梅縣荷泗蕉坑村的「十二槓樓」等。

　　四點金式又稱「四角樓」，是受閩西「方形上樓」影響而改進的。在梅州的梅縣、五華、興寧，及河源市

的龍川縣較常見。多建在較平坦的地方。其主要特點是在屋的四角,升建起兩層以上四方形的角樓,如近代炮樓樣式。角樓四面均有瞭望孔和喇叭形窗口（實為射擊孔）。這種房屋建築規模也較大,一般都住百人以上。將大門關緊,就如一座城堡。

在現代的梅州僑鄉,還出現了一種「中西混合式」的民居建築,別具風格。它是客家傳統民居建築藝術（殿堂式或圍龍式）與西洋的現代建築藝術相結合的產物。此種建築,主要用鋼筋水泥結構,裏邊主體是客家的殿堂式或圍龍式結構,外部是洋樓式。規模最大的,要數梅縣白宮鎮湖洋尾村的「聯芳樓」和程江鎮的「萬秋樓」。

現代以來,客家民居建築雖不如過去按「五代同堂」要求興建規模巨大的屋舍,而是以小家庭式構造,多是僅有十幾間、幾十間的「鎖頭屋」「走馬樓式」「狹面槓」等,但客家人在意識上仍然離不開「聚族而居」。他們在建築房屋時（尤其是在農村）,都首先考慮最好在自己的族姓範圍內,或離開不遠,能夠相連本族姓的地方。

3 重族譜，遵家訓

　　客家人有自己的道德規範，世代相傳，一般都寫在族譜、家譜裏，作為「家訓」流傳。梅州黃氏族譜——《江夏淵源》，是根據距今一千多年前的北宋初年的舊族譜修訂的，譜中「最要家訓」有十五條：一、敦孝悌；二、睦宗族；三、和鄉鄰；四、明禮讓；五、務本業；六、端士品；七、隆師道；八、修墳墓；九、戒犯諱；十、戒爭訟；十一、戒非為；十二、戒犯上；十三、戒異端；十四、畏法律；十五、戒輕譜。每一條下，都有解說。按其精神，可以歸納為以下幾個方面。

　　一、愛國愛家。其核心是忠孝二字，對國家要忠，對家族要孝悌，要團結親愛。客家人有句俗話：「人生百行，孝悌為先。」故在「敦孝悌」條下云：「孝悌為百行之首，凡為人子，為人弟者，當盡孝悌之道，不可忍滅天性，茲惟望吾族子孫，宜敦孝悌於一家。」在「睦宗族」條下云：「宗族為萬年所同，雖支分派別，則源同一脈，不可相視為秦越，茲惟吾族，務宜敦一本之誼，共成親親之道。」國家是由各個家族組成的，

愛國必須愛宗族；而宗族能否團結，就在於能否盡孝悌之道。忠的基礎在於孝，所以「孝悌」被列為「百行之首」。愛國的核心是忠君，忠於「君」所執掌的朝廷——中央政權。「戒犯上」「戒異端」「畏法律」都是為此服務的。如「戒異端」云：「異端巧非聖人之道，所作乃無父無君之奪也，願吾族宗盟，若聞邪術妖言，宜必遠之勿近，致其害累矣。」「畏法律」云：「法律者，朝廷之律例也，凡人若犯王法之章，不怕你心如鋼如鐵，到其間自必有熔化之刑矣，宜必畏之免之。」愛國就要維護國家（朝廷）利益，不可犯王法，實際上是以「三綱」「五常」為統帥。

客家人的忠君愛國愛宗族的觀念特別強烈，是有其客觀歷史原因的。客家先民因國亡家散而被迫流移轉徙，歷盡苦難，故對國家興亡與家族興衰的關係，有深刻的體會。因此，客家人多愛國、愛族。

二、**敦睦鄰里**。客家人為什麼要將這一條放在那麼重要的位置呢？也是由於「客家人」本身的特殊境遇造成的。他們在千多年來，不斷的流徙，每徙一處，都是「人生地不熟」，要在新的地方立足謀生，必須依靠鄉鄰的同情與支持，否則便不能長久生存發展下去。「和

鄉鄰」條云：「鄉鄰為同井之居，凡出入相友，守望相助，切不可相殘相鬥，務宜視異姓如同骨肉之親。」這首先是必須求得自身生存與發展的需要，「明禮讓」「戒爭訟」也是為此服務的。要團結鄉鄰，必須懂得禮讓於人；要團結好，必須注意「戒爭訟」，以避免和減少是非。「明禮讓」云：「禮讓為持己處世之道，非徒拜跪坐揖之文，必使亢戾不萌，驕泰不作，庶成謙謙遜順之風。」「戒爭訟」云：「爭訟非立身之道，凡爭必有失，訟其終凶，宜以忍讓處之為尚，勿致有斷情絕義之路，傾家蕩產之悔。」對於寄足於他鄉的「客人」來說，「和鄉鄰」確係非常重要的。故客家人世代相傳至今，仍然非常注意與鄉鄰間（內宗和外姓）的團結，注意文明禮貌，非萬不得已，不願打官司。俗語有云：「官司好打，狗屎都好食。」

三、**務本業，勤開拓**。這是客家人的傳統家風、傳統精神。其「務本業」條云：「士農工商，各有其業。古人云：業精於勤，毋荒於嬉。惟務其業者，乃得自食其力。可見自食其力者，敢不專其事乎。」客家人「務本業」的觀念很強，並能勤奮開拓，艱苦謀生，所以適應性較強，能隨處立足安家。古時不斷流徙中是如此，

後來飄洋過海、僑居五洲還是如此。客家先賢中的富強者，絕大多數都是靠艱苦奮鬥白手起家的。

四、**尊師重道**。客家人原是中原仕宦之家、書香門第之後裔。尊儒敬孔、尊師重道是其傳統思想。「隆師道」云：「師道為教化之本，隆師重道，正以崇其教也，若不尊崇，不惟教化不行，而且有褻瀆之嫌，何得漫言傳道。」這裏講得很明白，道者教化也，教育也。故客家人歷代重文教。客家聚居中心廣東梅州，自宋以來，即文教昌明，終於成為「文化之鄉」，是有其歷史、社會和思想根源的。要「隆師道」，則必須「端士品」，其條云：「士為四民之首，隆其名，正以貴其實也，故宜居仁由義，以成明體達用之學，若使偷閒，不惟上達無由，且士類有玷。」可見「隆師道」與「端士品」是相輔相成的。故客家人歷代讀書人多，文人輩出。

五、**敬祖先，重譜牒**。漢族人在漢代之後，即開始重視譜牒，先由官家，後及民間百姓。客家由於被迫流移轉徙，親人分散，隨處為家，因此尊祖觀念特別濃厚。每遷一處，都必將先人遺骸挖出，用「金罌」（陶罐）裝好，隨身遷徙，到新居地時再安葬，這就是「揹父骸」「二次葬」風俗的由來。「修墳墓」條云：「墳墓

所以藏先人之魂骸，每年宜詣墳祭掃，剪其荊榛，去其泥穢，以妥祖靈，切勿挖掘拋露，致使祖宗之怨恫。」故客家人重修祖墳，建祠堂，春秋二祀，千年不改。對生者，則重尊老，忌犯諱。「戒犯諱」條云：「同源苗裔，每派宜擇定一字為名，凡屬五服內之嗣孫，不得有犯父兄伯叔之名，即上祖之名字，亦當共避之。」在「戒犯上」條中亦云：「自古尊卑上下，名份昭然，不得以卑凌尊，以下犯上，宜徐行後長，勿致有干犯在上之失。」為了尊敬祖先，尊老敬上，防止犯諱與犯上，故重族譜、家譜的修輯。「戒輕譜」條云：「家譜之修，所

位於深圳市區的大涌鄭氏宗祠

以敘一本也，譜編成帙，乃一家之寶，務宜同為珍重，以便考查世系，切勿拋棄，以褻祖宗也，宜共凜之。」可見族譜之修編，乃屬崇敬祖先、尊老、睦族之需要。所以，客家人歷來重視族譜家譜，歷代不斷編修，在譜中記下本族姓淵源及歷代世系、先賢叢績。編得好的族譜，雖歷數千年至今，上述各項，都井然可觀。在今天，它對於研究客家歷史和地方史，以及對人們尋根問祖、聯絡親情，都很有價值。

從客家人的傳統家訓中，歸納出上述五點，便是客家人的道德規範，也即是客家人在為人處世中應共同遵守的行為準則。若以今天的標準來衡量，其主要精神仍然是好的。今天的客家人，在為人處世中，仍遵守着先輩留下的傳統精神，而同時也在不斷摒棄其不合時宜的東西。

4 婦女的傳統美德

客家婦女在客家社會中處於非常重要的位置，她們素有賢良淑貞、勤儉刻苦的美德，受到尊重與敬佩。

「沒有老婆不成家」

　　民間有句俗話：「沒有老婆不成家。」這個「家」，不僅是指「結婚、生兒育女」，更重要的是指客家婦女在家庭中所處的特殊地位。因為，客家先民自千百年前，因戰亂饑荒，由中原等地南遷之日起，婦女便隨着男人舉家遷徙，與男人休戚與共，甘苦共嚐。她們除了上奉父母、下育兒女、管理家務外，舉凡生活、生產、交際等方面，都與男人一樣負有責任，正所謂「裏裏外外一把手」。尤其是近代以來的一百多年間，因海禁開放，客家男子多出南洋謀生，婦女留在家中，更擔負着一切勞作和事務。她們在體力上與精神上的負荷，都大大超過一般男子。故有「沒有老婆不成家」之說。有首山歌這樣讚頌她們：

> 客家妹子真唔差，
> 會畫會算會當家；
> 茶油煮出豬油菜；
> 布荊泡出嫩細茶。

賢良貞淑的品德

客家先民，多出自仕宦貴族、書香門第，客家婦女同樣受到祖傳的儒家禮教的深刻影響。古時客家婦女自小習《孝經》《女兒經》《女箴》一類的書，接受了「三從四德」思想的影響。賢惠、貞烈是她們的道德核心，賢良淑貞者可以立牌坊。當然這是舊意識，不足取。但從歷史觀點看，也有一定的積極意義，那就是培養了客家婦女「賢妻良母」型的氣質，其賢惠、勤儉、自潔、自重等優良品質，一代一代流傳至今。

勤儉持家，是客家婦女的最大優點。客家人由於不斷遷徙，所至皆荒涼之地，要生存，必須努力開墾，由於勞力不足，婦女便與男人一樣參與籌謀家計和各種勞作，練就了健壯的身體和刻苦耐勞的優良品性。從南遷之後，客家婦女就廢除纏足、束胸的陋習，布衣天足，從事勞動。舉凡「家頭窖尾、灶頭鍋尾、針頭線尾、田頭地尾」的各種勞動，她們無不參與。近代以來，由於客家男子多出外謀生，多數婦女便擔負着生產、理家、侍奉父母，撫育子女的全副重擔，甚而出墟入市，對外交際，都要由婦女出面。這就養成了她們的勤儉持

家、艱苦奮鬥、刻苦耐勞的精神。客家華僑婦女，在
僑居地亦與丈夫一起，同甘共苦創業，成為賢內助、好
幫手。

客家婦女的賢惠勤勞，早為世人歌頌。民間流傳着
一首《勤儉叔娘》的歌謠：

勤儉叔娘，雞啼起牀。
梳頭洗面，先煮茶湯。
灶頭鍋尾，端端光光。
煮好早飯，剛剛天光。
灑水掃地，擔水滿缸。
吃遇早飯，洗淨衣裳。
上山砍柴，急急忙忙。
淋蔬種菜，蒸酒熬漿。
紡紗織布，不離間房。
針頭線尾，收拾櫃箱。
不說是非，不敢荒唐。
有魚有肉，不敢先嚐。
開鍋鏟起，先奉爺娘。
愛惜子女，如肝如腸。

留心做米，無穀無糠。

人客來到，細聲商量。

歡歡喜喜，撿出家常。

雞蛋鴨卵，豆豉酸薑。

有米有穀，曉得留糧。

粗茶淡飯，老實衣裳。

越有越儉，不貪排場。

若無米煮，捱雪經霜。

挑擔打腳，維持家常。

有買有賣，不蓄私囊。

不偷不竊，辛苦自當。

不罵丈夫，不怨爺娘。

此等婦女，正大賢良。

人人說好，久久留芳。

平等要求與參與意識

　　力求平等，參與社會活動，是客家婦女長期養成的特性。自近代鴉片戰爭以來，客家婦女爭取自由平等、參加社會革命活動的不斷增多。太平天國革命，領導者幾乎全是客家人，因而客家婦女也同樣參戰。她們專門

客家後裔宋慶齡女士

成立有女兵營，由天王洪秀全的妹妹洪宣嬌統領。「女
天兵大戰坪石金雞嶺」的事跡舉世聞名。太平天國女兵
女將，幾乎全是兩廣客家婦女。孫中山領導辛亥革命，
也有許多客家婦女投身其中。孫中山夫人宋慶齡和廖仲
凱夫人何香凝，就是其中的典型。在當代社會中，客家
婦女，更是大量投身社會，參與各項社會工作，不少人
還擔任要職。以純客區梅縣為例，在十多年前就作過調
查，鄉鎮一級的幹部有五成以上是婦女。

中外的讚譽

由於客家婦女有着上述種種美德和優點，她們歷來受人尊重，名揚中外。晚清著名詩人黃遵憲曾這樣讚揚客家婦女：「婦女之賢勞，竟為天下各種類之所未有。大抵曳靸履，戴叉髻，操作等男子。其下焉者，蓬頭赤足，帕手裙身，挑者，負者，提而挈者，闐溢於廛肆之間，田野之中；……其中人之家，則耕而織，農而工，豚柵牛宮，鴨欄雞架，午牙貫錯，與人雜處，而溝燈砧杵，或針線以易屨，抽繭而貿絲，幅布而縫衣，日謀百十錢，以佐時需，男女錢布，無精粗劇易，即有無贏紕，率委之其手。至於豪家貴族，固稍暇豫矣，然亦井臼無不親也，針管無不佩也，酒食無不習也。無論為人女、為人婦、為人母、為人太母，人人優為之而習安之。黃遵憲曰：吾行天下者多矣，五部洲遊其四，廿二行省歷其九，未見其有婦女勞勞如此者。」（見《李母鍾太安人百齡壽序》）

《光緒嘉應州志》總撰溫仲和，對客家婦女亦有類似評價。他說：「婦人在家，供奉養，哺兒女，俗無裹足之風，其貧者採樵耕田，備極生人之苦；富者雖有婢

僕，灌園浣濯紡績之事，靡不躬親。其優者，置產業，
課田園，井井有條理，昔人詩所謂『健婦持門戶，亦勝
一丈夫』者，良不誣也。」（見《溫母李太恭人七十一
壽序》）

　　英國人愛德爾著《客家人種志略》《客家歷史綱要》
二書中，則說：「客家人是剛柔相濟，既剛毅又仁愛的
民族（筆者按：應為民系），而客家婦女，更是中國最
優美的勞動婦女的典型。……」

三 衣食住行剪影

1 衣着與首飾

　　客家人的衣着穿戴，包括衣服、鞋、帽、裙、帕、首飾和雨具等，以往皆有漢唐遺風，比較古樸、大方，偏寬偏長，色偏深，多烏、藍、灰色，只夏季有用苧蔴紡織的白布，富家有用白綢緞。直至清末仍大體如此。茲分別介紹如下：

衣服

　　一般人家衣服式樣，平日男女無多大區別。上衣是「大襟衫」，右邊斜下開襟，安布鈕釦，講究的用銅鈕，女服只在襟邊加一兩條邊，講究的繡花邊以示男女之別；袖子寬長，袖口寬一尺左右。男裝另一式是「長衫」，俗稱「四圍齊」，長度以能遮蓋「腳眼仁」為準，此衫作禮服用，講究的外加穿「馬褂」，配上小官帽（俗

稱「欖豉帽」），在年節或做客時才穿。褲子，則男女基本無別，一律寬頭大腳，褲頭是用較軟的布做的，穿時用紗織布帶（俗稱「褲頭帶」）紮緊，或乾脆不用布帶，將褲頭交叉絞緊反紮於內即可。褲管（俗稱「褲腳」）寬八至二尺。一個褲筒穿兩條腿也還很寬。如果裁去一截，就像當今流行的時裝「裙褲」。舊時婦女穿這種褲下田「做細」（勞動）時，如遇尿急不必上田或避人，將一邊褲腳捋起、擎開即可小便。

舊時，一般男女都不穿內褲，講究者多穿一件較短的長褲就是了。內衣，則一般都穿，俗稱「褂子」「留眠衫」，有「大襟」「正襟」兩式，比外衣較狹。講究穿着內衣、內褲是近代以來的事。

寒暑服式無多大區別，只是暑天穿薄布、苧蔴布（俗稱「夏布」），寒天用厚布。冬春禦寒衣服則統稱「寒衣」，一般有「夾襖」（即雙重厚布製成的外衣）、「棉襖」（棉衣）、「棉背褡」、羊毛衫，富裕人家多有皮襖，下套穿棉製「馬褲」。「馬褲」樣式古怪，只做兩條「腿」，左右各一，互不相聯，無褲頭，穿時左右腿各穿一條，上邊有一布條，將布帶結紮在褲頭上即可。

客家涼衫（1870 年，奧地利
攝影師拍攝）

成人衣服大抵如此。其色澤多偏烏、藍、灰色。布料是自己用棉花、苧蔴紡織的，俗稱「家機布」。本色白底，用土染料染漂而成各色。染料是土製「靛粉」，也有用「薯莨」「土珠」或「烏臼樹」等草木熬水染色的。

　　小孩至三四歲穿的衣服，多不用鈕釦，只用布帶紮緊。上身大襟式，下為「開襠褲」。一般要在六七歲入學前，才穿着成人式衣服。

　　以上服式，均指布質的。一般人家也只可能穿布質衣服，富豪之家則穿綾羅綢緞。過去客家人也有養蠶織綢的，但所織綢布多外銷，自己穿不起。明清二朝間，在梅州地方出產有「程鄉繭」絲綢布，後來，由於四川天府綢布（俗稱「府綢」）打進來，「程鄉繭」便衰落了，至清末即已停產。近代以來，由於客家人多出南洋，受西方機織布衝擊，不但衣着用布逐漸改進，服式

也隨之改裝。

改裝後，服式五花八門，「古今中外」一齊出現。男士先多穿正襟、七鈕、四袋的「唐裝」，接着就有「中山裝」「西裝」；女裝也逐漸由偏寬偏長改為狹而短，也有穿正襟式，時髦者興穿「旗袍」（滿族女裝）。青年男女則多穿「夏威夷」式。這是二十世紀二十至四十年代的情況。近四十年來，則因社會的進步，思想的開放，國內外服飾的交流影響，客家人的衣着亦隨「大流」，帶有原來特色的東西多已不復存在了。目前，客家人的服飾與各地大同小異。

鞋、帽、裙、帕

舊時，客家人（尤其是農民）不甚講究鞋帽等物，露頭、赤足，照樣幹活，出墟入市也無所謂。但在年節或出門做客，則很注意衣着穿戴的完整。

鞋，舊時一般人只有布鞋、草鞋，富裕者冬天有棉鞋，皮鞋是近代以後才有的。

布鞋都是自製，男式叫「阿公鞋」，女式叫「阿婆鞋」，均為布底（用舊布糊成幾十層的「布泊」）、布面（普通人家用「家機布」，有錢人家有用綢緞），鞋

面顏色多黑色。鞋式是寬口船型，不用鞋帶，俗稱「懶人鞋」。這種鞋今天仍然流行，市場有售，只是已換成膠底或塑料底，用機器製成。舊時，女裝鞋還有「繡花鞋」，用綢緞或絨布為面，鞋面繡花或鞋頭部鑲花，多為富家仕女穿着。

草鞋，有兩種，一種是用乾稻草編織的（俗稱「稈草鞋」），用蔴繩為「經」，草索為「緯」，編成「腳底形」，前頭兩邊及後邊「鞋跟」用繩帶串起即可穿着，製作經濟簡便，一面穿舊了，還可以「反底」再穿。這是勞動用鞋，幾天穿一雙。另一種草鞋是「布泊」底（後來改用「車輪膠底」），前頭一個「鞋鼻」，左右各兩個布「耳」，後邊「布跟」（俗稱「鞋踭」），都留有「眼」，用苧索紮好後，用布帶串起，即可穿着。男女鞋樣相同。舊時，多為勞動、挑擔、走路時穿着。這種草鞋比「稈草鞋」耐穿，客家婦女大多都會製作。現在，上述兩種草鞋都幾乎絕跡，已被膠鞋、皮鞋所代替。穿膠鞋是近代以後才興起的，開始均是南洋進口的「力士鞋」，後來有「回力鞋」「球鞋」等。皮鞋是更後才興起的，這與各地差不多。

棉鞋，又稱「老人鞋」「過冬鞋」，形款與阿婆鞋

一樣，裏面用棉花為絮，供老人冬天穿着，多為富裕人家才有。有錢人或有官職的人還穿「靴」（俗稱「官鞋」），和古裝戲裏的靴一個樣式。

穿鞋，除草鞋外，都須穿襪。古時有布襪、線紗襪兩種。穿絲襪、尼龍襪是現代的事。冬天，老人多穿羊毛襪。

客家人一般對帽子不太講究，平常戴者少。這可能與客家人多居南方，天氣溫暖，空氣清爽，少風沙有關。舊時，男的有「小官帽」（欖豉帽）、「風帽」、蒙面式「夜帽」，後來有南洋進口的「狗氈帽」（西洋禮帽）、「太陽帽」（硬殼禮帽）；女的有「布帽」（用絨布製成）、羊毛帽，也有人戴「風帽」；小孩（幼兒）的布帽是圓圈形，前面是虎頭形（或稱「貓頭形」），有布絆套在頦下，也有用線紗織成布袋形，一頭結紮成「花」。近幾十年來，除小孩、幼兒帽仍基本保留舊式外，老中青年的帽子幾乎全部換了式樣，而且區別不大。老年人多戴棉帽、絨帽、風帽，甚至皮帽；中青年人多戴陸軍帽，時裝風帽，而且男女無多大區別。

客家裙，有兩種。一種是舊時婦女穿的，作為「衣着」的「百褶裙」，布質、很長（齊腳眼），後來越穿

越短，只齊膝下，「五四」後定為「學生裙」，至今仍有流行。有些變成了露膝的「超短裙」，只有年輕姑娘穿。衣裙還有一式「連衣裙」，上衣、裙聯在一起，背後開半襟，安鈕釦。這種裙過去多為少年、兒童穿着，後來青年婦女也穿。這兩種衣裙本是舊時流行的，近幾十年來已瀕絕跡，一「翻新」，人們便把它當作「時裝」，就像將「旗袍」當「時裝」一樣。

　　另一種裙，客家人叫「裙子」「圍裙」，是指「圍身裙」。這種「裙子」是婦女用的，按各人胸寬尺寸，用布製成。上端呈梯形，下邊長方形。上端釘一鈕絆，扣在上衣頭鈕上，裙左右各釘上一條特製的「裙帶」（帶端有紗纓）紮在背上，把上身圍緊，所以叫「圍身裙」。裙邊上用其他顏色的布縫一寸寬的邊，配衣服很好看。「圍身裙」的作用多種：一是裝飾；二是可遮蓋上衣，以免弄髒，亦可起束胸作用；三是可作「頭帕」，包紮在頭上，當帽子用；四是可作手巾包東西。過去，在客家地區，每個婦女都有一二條裙子。梅縣西陽、白宮一帶婦女的裙子特別講究，一律用藍布、鑲白邊，做工精緻，當作頭帕紮起時，就似一頂特製的帽子，很好看。

帕，亦有兩種。一種是手巾（汗巾），客家人稱為「手帕」，這是每人都隨身攜帶的，至今如此。另一種帕是指婦女用的「頭巾」，俗稱「冬頭帕」（即包頭巾）。舊時，客家婦女都用，近四五十年較

戴冬頭帕的客家阿婆

少，但興寧、五華、龍川等地較年老的客家婦女，仍然使用。這種「頭帕」不像「裙子」，不釘帶子，只用方形布一塊，包紮在頭上或只包結在髮髻上。

首飾

從前客家人的首飾，婦女用物較講究、多樣，主要是頭上飾物。古時婦女梳「高髻」，飾物一般有簪子、毛錑、耳扒，富家婦女還有簪花。一般婦女都戴耳環或耳塞，戴手鐲。手鐲有紐絲手鐲、龍頭手鐲、蒜芎手鐲，多銀質，富裕人家有金質的，還有玉石手鐲。戴戒指則男女都有，一般都戴金戒指。項鏈較少人戴，有的

也多放在箱裏，平時少戴在身上。小孩子普遍要戴銀手鐲、銀腳鐲，鐲圈上串幾個小響鈴，便於循鈴聲而找到孩子。

隨着婦女髮型的改變，用首飾的逐漸少了。清末民初，客家婦女由梳「高髻」，改為梳「盤龍」（俗稱「圓頭」），梳妝簡便多了，只把辮子紐起盤結在後腦，像龍盤起紮緊，加上一支「毛錨」插緊就行了。其他飾物也就省去了。後來又改妝，婦女多剪短髮，不必梳頭，頭飾就全免了。手鐲、戒指也少人戴，但還要戴耳環或穿耳塞。

雨具

客家人的雨具，主要是雨傘、竹笠、涼帽、草帽、蓑衣、雨衣。

雨傘，俗稱「遮子」，有紙傘和布傘兩種。紙傘，用竹為架，用紗紙蒙頂，用桐油油，一律長柄。布傘，用鐵木（或純用鐵）結構，用布蒙頂，有長柄、短柄兩種。舊時多用紙傘，近代以來多用布傘。近幾十年來又大多使用尼龍布面的雨傘，還有自動傘、折骨傘等。

竹笠，舊時各地多是圓形尖頂式，民國後，有圓

形圓頂式，開始稱為「童軍笠」，後稱「學生笠」，至今流行。

涼帽，是客家婦女特有的。有兩種。一種是用竹蔑織成圓圈，中間穿孔，周圍用布條縫掛，戴在頭上露出髮髻，髮髻上用毛鍤或竹片橫插，使帽穩定。另一種是在竹笠周圍縫掛布條。布多是疏紋的較通風。為什麼只有客家婦女戴這種涼帽呢？從歷史的客觀情況分析，過去婦女是不能拋頭露面的，但客家婦女為環境所逼，南遷後要跟男人一道出門幹活，上山下田，趁墟出入，被迫拋頭露面，便戴上這種涼帽，所謂「挍羞」。它又似面紗，自己可以看清別人，而別人看不清自己的面目。這是主因。還一個原因是，這種涼帽「起來風涼又輕便。因有以上兩大好處，客家婦女便將它世代流傳下來。現在在閩西南一帶和廣州郊區、惠州一帶

戴涼帽、着圍裙的客家阿婆

的客家婦女中仍然流行。廣州郊區流行的是篾織圓圈式涼帽，與過去興梅婦女戴的涼帽相同，因為他們多是古嘉應州（今梅州）遷移去的；閩西南客家婦女戴的多是竹笠加布條式的涼帽。在梅州市各區縣，反而早已沒人戴涼帽了。

草帽，是用麥稈編織的圓頂竹笠形的帽子，故稱草帽。主要用來晴天遮太陽，下雨天不適用，被雨淋後的草帽易發霉。這種草帽至今流行，改革開放後又出現有用尼龍紗製的和布製的「草帽」。

簑衣，有兩種，一種是用棕毛編製的，披在背上，能擋風雨又很暖和；另一種用山上的箬竹葉編製，優點是較輕便，但不如棕簑衣耐用、暖和。

雨衣，原來是用桐油紙製成上衣式使用的，後來才用薄膠雨布縫製。近幾十年則普遍使用尼龍、塑料布（紙）製作的雨衣，這種雨衣輕便、舒服，因此很快流行。

2 飲食風味

客家飲食，大體可分為家常飯菜、酒席菜式、風

味小食和野味雜食四大類。各類飲食，都具有濃厚的客家風味。

家常飯菜

指一般人家日常三餐。客家人的飯食以大米為主糧，番薯、芋子、小粟、小麥、番薯末均為雜糧。舊時因糧食不足，三餐多食粥，輔以雜糧。就是富裕人家，也至多是兩餐粥、一餐飯。過四月八月荒時，則多「雜糧準餐」。雜糧都缺時，便上山挖「硬飯頭」「猴頭」，採「赤蕨」為食。日常菜色只用自種的園蔬小菜，如白菜、芥菜、薤菜、苦脈、脈子（窩脈）、芹菜、蒜子、薑子、葱子、韭菜、吊菜（茄子）等。或用腌菜，如鹹菜、糟嫲（酒娘煮過黃酒的糟粕加鹽腌）、蘿蔔苗、蘿蔔乾、菜乾、筍乾、芋荷、豆豉、豆醬、豆腐乳、鹹蛋等。但不是四時都有，也不是家家齊備，一般每餐有一兩樣菜就不錯了。無菜時「鹽味撈粥」也過餐。至於肉食，舊時因窮，若不是待客，每月能買一次豬肉就不錯了。俗話說：「想食三牲望過年」。這「三牲」，指的是豬肉、雞、魚。即使是「小三牲」，也是敬神祭祖時才有的。可見平時肉食之罕。有錢人家，也難得每墟（三

日一墟）買魚割肉。這裏除了主要因為窮之外，還有個原因是，客家人尚節儉，世有唐魏吝嗇之風，加上多由婦人理家，更加節約，事事精打細算，「麻子算出米」，故日常飯菜都力求自力解決，不願多花一文錢。富裕人家也一樣，俗語云：「越有（富）越儉」，故客家財主多是勤儉起家的。

在客家家常菜中，有幾樣菜是獨具風味的。如菜乾（俗稱「霉菜」「梅菜」）用來炆豬肉是上等菜。菜乾以梅縣、惠陽出產者為著；筍乾，作齋菜，或搭配各種肉類皆宜，以閩西南「閩筍」為著，出口南洋等國家和地區；還有「豆角乾」「苦瓜乾」煲豬肉也別有風味；「糟嫲」（煮過黃酒的糟粕）用於配菜，也別有風味。將豬骨、雞鴨骨和魚骨（或乾脆用燻魚）放入糟甕中腌，腌到骨質鬆脆時，此糟吃起來特別有味。用糟水煮芥蘭、狗爪豆，炆狗肉和炒田螺，其味更香甜；蘿蔔苗有兩種，一種是鹽擦後腌製的，可送飯，其味甘美；另一種是用開水燙後曬乾的，可泡茶喝，是止渴去熱解暑之良藥。

酒席菜式

客家人設宴會稱為「辦酒席」，菜餚稱為「菜色」。

客家酒席，分「紅、白」喜事兩種。「紅事」如結婚、祝壽、搬新屋、做滿月、做地圓墳（建墳）、番客請酒等等；「白事」只指喪事。做「紅事」席面像樣些；「白事」較簡單。客家酒席一般有「十二大碗」。有「三丸參鮑」，「三丸」是「肉丸」「鯇丸」「假丸」，「參鮑」是「海參」「鮑魚」，無鮑魚者用「魚肚」或「江瑤柱」代替。其餘「扣雞」「扣鴨」，還有「雞三味」——「白斬雞」「炒雞球」「雞上（下）水」；「魚三味」——「炒魚片」「醋溜魚」「炸魚」或「松花魚」等。做紅事，一定還要用「紅炆豬肉」「扣肉」（拱橋肉），講究的還有「燕窩」。其餘應有一兩碗湯、一兩盤時鮮青菜。總之湊足「十二大碗」，便是「大席面」。中等席面，適

客家名菜：梅菜扣肉

當減少，多無「海味」，以八菜二湯，湊够「十碗」為宜。客家席面菜色，以肉為主，「三牲」（豬肉、鷄肉、魚肉）必備，外加海味。青菜、湯菜必有。食味偏肥、偏鹹，這是舊時風味。近幾十年來，因受潮州、廣府飲食風俗的影響，客家酒菜餚，已有不少變化。食味由偏肥鹹轉向偏香甜。農村講實惠，多保留以「三牲」為主的菜色，城鎮則強調「少而精」。

酒席過去常用兩種酒，每桌（席）黃酒一大壺（錫酒壺），「合酒」（沖燒酒的娘酒）一壺。現在不用黃酒（又稱黃水酒），多用瓶裝酒，每席至少兩瓶。酒價每瓶在幾元至百餘元不等，視各人經濟能力。目前農村多用黃酒加中等價錢瓶裝酒。

做「白事」，酒席較簡樸，只要「三牲」齊，有黃酒、白酒（米酒），加肉丸、青菜即可。

一般喜慶請酒，農村如一般「紅事」酒席差不多，城市則多在酒樓辦席，由主人按譜點菜，需要什麼做什麼，無固定規格，奢儉由人。其菜色不外釀豆腐、梅菜肉、拱橋肉、浮水魚丸、捶丸、白斬鷄、鹽焗鷄、炆狗肉等。

客家風味飲食

客家風味飲食，包括上等菜餚和地方風味小食。上等菜餚，可供宴會用，亦可供閒時飲食；地方風味小食，只供平時食用，個別才可上席。

可供上席的上等菜，大體有前述扣鷄、扣鴨、鹽焗鷄、梅菜肉、拱橋肉、浮水魚丸（鯇丸）、捶丸（豬肉、牛肉）、釀豆腐等；小吃，除煎芋丸（俗稱「假丸」，列為「三丸」之一）可上席外，餘均供閒口零食。

較有地方風味的小食，可分兩大類：一是「粄」類。如：客家地區普遍有的「味酵粄」「發粄」「麥粄」「甜粄」和「仙人粄」（草粄），以及大埔的「葉子粄」「憶子粄」），平遠的「黃粄」、興寧水口的「藥粄」等；二是米麵類，如梅城湯丸、麻糊，蕉嶺米粉、梅城虹橋頭「燒賣」等。其中客家「味酵粄」別有風味。「味酵粄」用粘米為原料，將白米浸透後，磨成漿，加上食用鹼（丙藥），攪拌均勻後，倒入碗中蒸熟。熟後粄面呈凹字形，可熱食，亦可涼食。食時，放上用紅糖加蒜頭煎製成的糖水（俗稱「紅味」）或放上豉油（俗稱「白味」），用竹刀一塊一塊劃碎入口，為客家人所喜愛。另一種「味酵粄」又稱「絞水粄」，也用粘米為原

味酵粄

料，浸透磨成漿後，加上食用鹼或用石灰攪拌均勻，倒入蒸盤中蒸熟，放涼後，切成片塊，用熱油鍋煎成「兩面赤」的「煎粄」，然後加酸甜辣醬吃，又是一番風味。近幾年來，梅城有「煎味酵粄」新品種，是將前一種「味酵粄」切成兩半，沾上麵粉糊，放在熱油鍋中炸熟，然後加酸甜辣醬吃，其風味又與上述兩種不同。

　　1971 年，葉劍英回故鄉梅縣視察，他想吃的家鄉風味食品有三樣：狗肉、仙人粄和味酵粄。前兩樣已吃到了，就是見不到味酵粄，因當時市場上沒有賣。隨從知道此事後，便專門請人做味酵粄給他吃。可惜做粄的人沒領會準，做了「絞水粄」。葉劍英一看就笑道：「搞差哩，倔講的是味酵粄，中間有個窩湖的，放上紅味，

用竹片捅來食的。」他還說，年輕時離開梅縣時吃過，距此時已 50 多年了。可見，地方風味飲食，對於外出遊子，蘊含着多少深情。

野味雜食

野味雜食，大體分兩類，一類是動物；一類是植物。

動物類，有「黃鱔炒苦脈」「湖鰍炆豆腐」「香蘇炒田螺」「糟水蒜仁炒田雞」「紅炆果狸肉」「糟水炒香螺」「蜆湯煮瘦肉」「清蒸白鱗」「清蒸黃猄肉」「清蒸鷦鴣」「紅燒乳鴿」「子薑炒子鴨」「紅燒狗肉」等等。這些用野味配製的上等佳餚，深受歡迎。

植物類有：「蕨心乾」「糟水炒赤蕨」「嫩布荊心菜」「艾葉粄」「山蒼葉粄」「苧葉粄」（也有用上述三種植物混合製成的粄）、揭西的「擂茶」、五華的「熟米粥」等等，都具有獨特風味。

3 「分屋」後的家庭擺設

在《聚族而居》一篇中，我們已將「客家民居」介

紹過了，這裏要談的是客家人的分屋習俗及其居室之擺
設，也就是介紹客家人對於「生活四要」之一的「住」，
是如何要求的。

前面談到的「聚族而居」，是指客家人的習性，其
「圍樓」「圓寨」「圍龍屋」「殿堂式」及「走馬樓」等特
殊的民居建築，都是由聚族而居的習性所形成。這些都
是從客家的大家族整體來看的。但是，客家人的一家一
戶（每個小家庭）的居住情況又是怎樣的呢？下面就做
個大略的介紹。

合久必分

舊時，客家人的民居多是「聚族而居」的大型樓
屋或圍龍屋，都考慮到四代同堂、五代同堂的需要而設
計。故而，每個圍寨、每座屋，都居住幾十戶、百口
甚至幾百口人。未分家時，住房由家長分配，有一定
的規矩。但住久必分，分家後即分居。分家時由家長
主持，有幾個兄弟就分幾份，父母另留一份。要分別
寫「分單」，將分給各人名下的房間、田地及主要家具
等一一開列清楚，並請族中（村中）父老鄉紳做公證，
還有「在場見」人，都要簽名按手印。分定以後，各執

一份，以作家業產權的依據。分家後即成各家，各管各業。俗話說：「兄弟分開成鄰舍，上晝分開下晝借」，這就說明是「業各有主」了。至於父母名下一份產業，待老人百年之後，田地即作「蒸嘗」；房屋如已分定者，按父母遺囑指定歸屬辦理。如無指定歸屬者亦作嘗產。按「分屋不分廳」風俗，大家分小家後，廳堂、走廊、巷道、簷頭、天井、花頭（屋後所圍空地）、水井、池塘等屬公有，全屋人共同使用，共同維護；而在「分單」上列明分給各家的，才歸各小家管業。一般情況，每份都有住房（俗稱「眠人間」）、厨房（俗稱「灶下間」）、收拾間（雜物間）以及牛豬欄、廁所和柴間等。風車、礱、碓、磨及其間房，有分掉的，也有作公用的。這就是大家族共屋分居的大體情況。

居室佈置

分家後，各家由自己決定如何使用佈置。一般都挑選正堂（包括上、下堂）寬暢、燥爽、通風、採光好的房間作「眠人間」（又稱「夫妻間」），這是家長所住的，擺設佈置較講究，用物較多。大概可分三類：一是「牀上用物」，二是配套家具，三是雜物。

　　牀上用物：包括牀本身（普通用古裝「四欄花禽腳漆牀」，簡樸者用「凳腳牀」）、蚊帳（古時一律用家機麻紡布，後有「三紗羅」蚊帳，用線紗、尼龍帳是現代才有）、被單、被骨各一張（富裕的各兩張，還有褥子）、木棉枕頭一般一對，講究的還有鴛鴦枕（雙人枕）、抱枕、氈子。蚊帳一般有「帳壓板」，配「帳眉」布。帳眉上多繡鴛鴦、花卉。

　　配套家具：一般有衣櫥（舊時多用櫃頭式矮衣櫥，後多用高衣櫥）、高櫥（主要裝雜物用）、矮衣櫥一至

客家「眠人間」

二隻（作裝棉被等用）、大小櫃各一隻、衣箱一至二隻（有木質、鐵質兩種）、梳妝枱一張、書桌一張、衫架一個、踏凳一張（寬面、矮腳的，放在牀下，主要供小孩上下牀用）。最特殊的是「尿櫃」，形似矮櫃，裏邊放小尿缸，用時把蓋打開即可，加上蓋可供坐用，又可避尿腥味；在梅州梅城一帶較流行，過去當作嫁妝之一。另有茶几、椅、凳若干以及茶壺、茶杯、茶盤、熟水瓶。講究的有專用茶几、椅一套，多用梨木或酸枝木製作，擺在房間外側，以作會客之用。也有專設「會客廳」或書房兼作會客廳的，內設茶几、椅、凳，壁間掛中堂字畫，及一些花瓶、花插、瓷墩等古董玩物，廳口小天井有小花壇。椅凳有多種樣式，舊時多用木質靠椅四張，講究的用梨木、酸枝頭、金漆雕花，普通的只用一般杉木、雜木，一般油漆。

雜物尚有火窗、夜壺、痰盂、扇子等。

以上都是舊時一直至現代的情況。自 20 世紀 50 年代以來，雖陸續有所改進，但基本物件還是差不多。變化較大的是室內擺設物件，但也多是在款式上的變化，如高櫥、矮櫥改為新款式的高衣櫥、低衣櫥，或合併成「高低櫥」；梳妝枱、書桌，則改成合併式的梳妝枱桌；

矮櫥櫃一般不用，改用兼放電視機的「酒櫃」；老式木質茶几、椅，改成新式木質、竹質或藤質、藤木結構式。改革開放後興用沙發（城市普遍，農村也有），但也有「復古」的趨勢，尤其是在城市，兩三千元一套古裝（或稍改裝）的梨木、酸枝家具，又開始進入家庭。

「灶頭間」的用物

客家人除對臥室擺設較講究外，對廚室（灶頭間）用物和其他家用物件，也是比較注意購置的。因住在山區，居屋分散，離集市較遠，所以一般人家都儘可能設法逐步置齊家常用物。

廚室用物，一般有：灶頭，多是土磚砌結的「雙眼灶」，有平頭式，有「牛尾灶」「單眼灶」，還有「一大帶一小」的「雙眼灶」（俗稱「母子灶」）。二十世紀八九十年代，多改用燒煤，在廣東梅州一帶人家，則興用「單眼灶」，在旁邊砌柴灶、煤灶各一眼，中間加「熱水池」，構成一系列爐灶。講究者還給爐灶貼上瓷磚。進入新世紀以後，各戶普遍使用起「液化汽爐」，在山區一些地方，如梅州的豐順、五華等地，亦有不少人使用沼氣爐。山區柴草充足的地方，山民仍多燒柴草。

客家「灶頭間」

　　在一間廚房內，灶頭最主要，其餘用物都是其附屬。廚房用具有炊具、廚具、餐具三大類。炊具有大鍋、小鍋、鋪羅（生鐵煲）、鋁煲（一般有大、中、小三式）、銅煲（煮開水用，現亦改成鋁煲，此煲是茶壺形）、泥煲（陶煲，又稱沙煲）、羹煲（陶質）、炙子（藥煲）、鍋蓋（板蓋）、鍋鏟、洗鍋把、笊篱（灶捞）、火鉗、火吹筒、灰扒等；廚具，主要是菜刀、砧頭、瓜刨、蘿蔔刷、油罌、鹽罌以及各種味瓶；餐具，是各種

碗、盤、缽、筷、湯匙、味碟。還要有大小水缸、淅水
缸、洗碗缽、拭桌布、水桶、淅桶、擔竿、桶吊、井
桶、洗菜盆、菜籃、洗衣籃、腳盆、簸籮、筲箕、掃把
等用物。一般人家，廚房內外是必須配齊以上各種用物
的，這是客家人傳統的廚房用物。

其他用物可分兩大類：一是生活用具、工具，如風
車、礱、碓、磨、大小「摸攔」、麻篩、米篩、簸箕、
羅、插、斗、稱等；二是生產工具，如犁、耙、轆軸、
腳頭（鋤頭）、鐵插、畚箕、斧頭、柴刀、蕩扒、扒
野、禾槓、草索、絡索、秧盆、秧鏟、禾鐮、薔鐮、墩
板（或「拔房」、打禾機）、竹簞等等。這些用具、工
具客家各地大同小異，就不一一詳述了。

4 水陸交通的發展

客家人，自古多住山區，因而交通條件較差。交
通，作為生活中衣食住行的「行」方面，是較艱苦的。
直至清代為止，人們主要是陸路步行，富有者或官員才
能騎馬、坐轎，或者水路乘船。

條條大路通北京

　　舊時，各地都有「官道」，可通北京，故俗語有云「條條大路通北京」。這種「官道」，是官府撥錢修築的，都是用石塊砌成，寬約一丈，穿山越嶺，遇水接橋。它主要是供赴省赴京參加科舉考試之秀才、舉人及官員上任、巡視用的。當然，外出商賈和旅遊探親的人也可利用。走此官道之人，仍是步行為主，偶有官員商紳等騎馬、乘轎而行。如古時廣東梅州官道，以今梅州之城北為中心，下接梅縣、豐順交界的徑心壩，以聯接潮汕官道；上經梅西至平遠，穿過粵贛交界的江西尋烏牛斗崗，與江西官道銜接，直通贛州，然後沿贛江乘船到吉安，再轉陸路官道至中原和北京。可以想見，潮梅人士赴京考試者，若步行，來回要兩三個月時間。

　　梅縣先賢梁伯聰先生在《梅縣風土二百詠》中有詩云：「舶未通行海阻程，江西大道達燕京。百花洲尾花船集，風送笙歌十里聲。」他在詩後自註說：「在昔海道未通，潮郡九屬人上北京、中原地方，由梅縣經過，向江西大道而去……」這就是潮梅官道接江西官道而通中原、北京的很好說明。這條官道，亦聯接福建汀州八屬，是閩粵贛邊三省客家人共通的官道。

梅嶺古道

　　除官道外，民間鄉村只有山路小道。除主幹道多用石塊鋪砌「石結路」外，一般村道多為彎曲土路，只供步行，騎馬都艱難。坐轎也只能坐由二人抬的木竹結構小轎，只可坐一人。「腳錢」昂貴，平民無能力乘坐。

雞公車 —— 山區一景

　　在民間有一種適應山間小路行駛的「雞公車」，可供運輸貨物之用。這種「雞公車」（又叫「獨輪車」「手推車」），用木製一個長方形的斗式車廂（大小不一）。車廂中開孔，下裝一個木質鐵皮車輪。車廂兩側轅木伸出數尺，以作推車把手，兩把手上裝一條「挽帶」。推車時，將「挽帶」套在肩上，以助推拉。一車可裝載二三百斤貨物。車行時，車輪發出「嘰嘰嘰」的響聲，似公雞叫，故俗稱「雞公車」。這種車能在山間小路上行駛，載貨比人力挑擔多二三倍，舊時客家山民普遍使用。直至今天，有些地方仍然使用，但已有了改進：一是將鐵皮木輪改為充氣的膠輪；二是增加了「剎掣」安全裝置。在村道寬暢的山區，還改用了大板車。這種人力推拉的「大板車」，是由「雞公車」發展而來的。

內河航運風險多

水路乘船，是內地江河慣見的木質「民船」，可乘人、載貨。船用人力牽引，水小用篙撐，水大用槳划，冬旱水淺時還要用人拉縴，船費雖少些，但速度慢，應不了急，一般人也就少乘船，而船隻多供運貨用。過去山區江河彎曲險灘礁石多，常有撞礁覆舟之險。所以客家俗語有云：「行船走馬三分命」。梅州的梅江上溯五華的歧嶺，下至大埔三河壩與福建汀江匯合後流經汕頭出海，故舊時閩粵客家人出南洋者多。

向多元化的發展

近現代以來，交通事業逐步發達，陸路有了公路汽車運輸，後有了鐵路，有火車作交通工具；水路有了電船、機帆船，入海有大輪船；空路有民航飛機。現梅州各區縣內，陸路有公路通全省各地以及省外，鐵路則有廣梅汕鐵路、梅惠高鐵、梅龍高鐵連通周邊城市；航空線路方面，已建成梅縣民航機場，可起降空客 A320、波音 737 客機，現已有每天往返兩班的航機通廣州，另有每周往返兩班的航機通香港、台灣、泰國等處。

四

禮儀習俗譚趣

1 歲時節慶

客家民俗歲時節日頗多，以農曆計，幾乎每月都有節日。大致有三種類型：一是民族民間傳統節日，如春節、元宵、端陽、中秋、除夕等；二是歲時、農事節日，如春分、清明、立秋、冬至等；三是神靈生日，如觀音生日、太陽生日、四月八（浴佛節與牛王誕）、八月初三（灶神生日）等等。各個節日都有一定的活動內容。

這裏所述，着重限於梅州範圍。然而，俗語有云：「百里不同風，十里不同俗」，在同縣同鄉中，雖然相隔數十里、甚至僅隔數里，其風俗習慣都不盡相同。在同一村中，有些人家過清明節，有些人家過立秋節，有些人家過冬至節；又如，「太陽生日」單在梅縣、大埔才有；「四月八」則在梅縣的城東的局部地方才有，但

在粵北客家地區又很盛行。又如，過同樣一個節日，其活動的具體內容也不盡相同。所以，此文所述民俗活動事象，都是以一地為主要依據，加以綜合概述，只求「大同」，而不可能「全同」。茲按農曆正月至十二月內節日，依次介紹。

正月

春節。正月初一為春節，俗稱「過年」，這是客家人一年中最大、最隆重的傳統民俗節日。舊俗，一清早（零時）就要接「財神」，敬「趙公元帥」。敬時要用三牲、果餅，焚香紙，放鞭炮，因此而形成「除夕」半夜賽放鞭炮之俗。現在「接財神」的少了，賽放鞭炮仍然盛行。天一亮，族人齊集祠堂敬祖公。過去之祭祀，裔孫齊集，儀式莊重，祭完之後，請有名望的族長講話，講族譜，告知本族姓淵源、世系及祖訓。現在比較簡單，一般均僅用三牲、酒果、香燭敬祀。亦不一定合族同祭，多有各村各屋分別祭敬的，因聯宗祭祖，不但不方便，也易因此引起房姓糾紛。

初二日起，婦人「轉外家」（回娘家）。大埔縣人則多為年初四才「轉外家」。凡在上年新婚的「新姑丈」

要「上門」，即夫妻同去岳父母家，拜見岳父母及娘家其他長輩。舊俗有「攪新姑丈」之俗，給他戴破笠帽，臉上抹鍋灰，弄得「新姑丈」很狼狽，此陋俗早已廢棄。

年初三為「送窮口」，俗稱「窮鬼日」。家家大掃除，把垃圾倒在三叉路口燒掉，叫做「送窮鬼」。要燒香紙，唸送窮歌，歌曰：「窮鬼出，富貴入，窮鬼照河下，富貴轉屋家。」送窮日人們不出門做客，婦人不轉外家。現在已改變，照樣做客、轉外家。

初四日繼續探親。初五日稱「出年架」（架亦作「卦」「假」），表示年已過了。俗語有云：「年到初三四，各人打主意。」

初七日，俗稱「人日」，有吃「七樣菜」之俗。一般以蔥、芹、韭、蒜、芫荽等湊成七樣菜，一鍋煮熟，全家共吃。多藉諧音圖吉利、取意頭。如以「蔥」諧「聰」，以「芹」諧「勤」，以「蒜」諧「算」，以「芫」諧「圓」「緣」，以「韭」諧「久」等。此時，大人出門，小孩入學，皆以此圖吉利。嘉應詩人黃樂三的《新年竹枝詞》云：「人日俱餐七不同，芥芹菠蒜韭薑蔥。者般俗套從何說，父老傳言是古風。」可見是古俗遺風。

元宵節。正月十五日為「元宵節」，俗稱「正月

半」，舊時也稱「燈節」。元宵晚上，舊有掛燈、賞燈、賽燈、擎燈遊行之俗，並有放「孔明燈」、放煙花、燒煙架之俗。現仍有放煙花、燒煙架的，但因浪費大，已不普遍。上年內添了男丁的，還要在祠堂裏「上燈」，現在仍流行，但有改良，連生女孩者也有人照樣「上燈」。有些地方過正月半比過年還熱鬧，故有「月半大過年」的說法。

天穿節。正月二十日為「天穿日」，在這一天，家家要將過年時留下的甜粄、煎丸蒸煮來吃。過去還要在粄、丸上插針線，俗謂「補天穿」。舊時，「天穿日」農民都不下田，不挑尿桶。迷信傳說，「若下田或挑尿桶會遭天旱」。

據傳說：天穿日，就是女媧補天的日子。《韻書》有「天穿日」的解釋：「蘇軾詩曰：『一枚煎，餅補大穿』。」據清代著名學者俞士燮的《癸巳存稿》卷十一「天穿節」條中考辨，可知「天穿」就是二十四個節氣中的「雨水」，是取「雨水屋無穿漏」的意思。宋以前的風俗是用紅線繫在煎餅投到屋頂上，為「補天穿」。客家人則在「甜粄」「煎丸」上插針線煮食，可見這也是古俗之遺。

二月

春分。「春分」是農事二十四個節氣的第四個節氣。在梅州多不作「節日」過，僅在興寧與梅縣交界的興寧徑心、徑南一帶，有做「春分」之俗。屆時，較富裕之家，備辦三牲敬神，一般人家只舂糍做粄、釀豆腐、釀薑粄等食品，邀請親朋聚會。

「觀音生日」。農曆二月十九日，傳為「觀音生日」。此日，人們備齋盤水果敬觀音。

三月

清明節。俗呼為「青名」。過清明節是客家較普遍的。屆時，家家舂糍做粄，備辦三牲敬神（多敬「社官」「公王」等土地神），以保豐收之意。同時「清明」為舊時春祀之期，必須到親人墓前掛紙掃墓。興梅地區則多只「掛紙」。舊俗春秋二祀，後來，春祀只掛紙，秋祀才大祭，至今亦重秋祀。近幾年來，在梅城一帶又興起春祀之俗，多在「清明節」或前後掃墓。

清明節，有做「清明粄」之俗。此粄用苧葉、山蒼葉、艾葉少許，拌在米粉中，做成糍粄，蒸熟後分食。傳說吃過清明粄，可以防病（其實是草藥所起的作用）。

以往有清明「踏青」之俗。可能是古時中原人士「清明踏青」「仕女遊春」的遺風。

「**太陽生日**」。這是梅縣、大埔一帶的特有節日。農曆三月十九日為「太陽生日」，家家備辦三牲、酒果敬太陽。據傳清初才興起，是為了紀念明朝皇帝的，因明末崇禎皇帝乃於農曆三月十九日在北京煤山上吊自盡。此後明朝即滅亡，人們不敢公開紀念明朝皇帝，便借「太陽生日」之名義進行紀念。

還有一件事可以參證的，就是梅縣陰那山靈光寺有個「太子菩薩」，每年農曆三月十八日就要「出行」，

靈光寺

由和尚挑着遊鄉，賜符除蟲。這個「太子菩薩」也是
僅在靈光寺才有的，其原型是明崇禎皇太子朱慈烺。
明亡之後，梅縣松口人翰林院東宮侍讀李士淳攜朱慈
烺潛回陰那山靈光寺，削髮為僧，法號「奯（音 huō）
山和尚」，以圖東山再起，反清復明。後來大勢已去，
清室已定，太子終老古寺，後人便塑「太子菩薩」像，
每年三月十八日出行遊鄉，暗示次日便是明朝亡國之
忌日。故民間便有「太子菩薩，年年十八」的俗諺。可
見「太陽生日」與「太子菩薩」事，都是與反清復明
有關。

四月

「四月八」。俗稱「做四月八」，是客家民俗節日，
但興梅地區不普遍，粵北客家地區較普遍。梅縣地方人
只知這是個傳統民俗節日，但多數都不明其來歷。有句
俗話叫做「講得幾多四月八」，意為講不清楚的事。

據《辭海》釋：農曆四月八日為「浴佛節」。傳為
佛教始祖釋迦牟尼生日。此日寺廟僧尼須齋戒沐浴後，
虔誠地用香水為如來佛洗身，事前事後都要焚香點燭，
設齋敬祀，善男信女雲集，莊嚴熱鬧。

另據說，現粵北連山一帶居住的壯族、瑤族和當地客家人，亦每年做「四月八」，俗稱「牛王誕」（牛王爺生日）。每到這天，耕夫耕牛休息一日，還要給耕牛吃好的飼料。農民則家家敬牛王爺，請親友吃喝一頓，歡聚一場。

這個節日的由來，傳說是壯族的先民在打獵中，生捕了一頭野牛，經馴養後變成家牛。有一天，這頭牛生下了一頭公牛犢，而這一天正好是農曆四月八日。以後這頭公牛經教馴後，犁田耙田，成為耕牛的「始祖」。因此，農曆四月初八又稱「牛王爺生日」，即「牛王誕」，一直傳至今天。

梅州地區古時是畬瑤之地，多居少數民族。後來客家人大盛，反客為主，畬瑤等民族紛紛外遷各地。客家人亦陸續由梅州再遷各地。如今粵北連山一帶，就是瑤民、壯民與客家人共處，各族同樣做「四月八」，敬牛王爺。那裏的壯民、瑤民都會講客家話，出外均以客家話交流，可見各民族的風俗是有相影響同化的。梅州客家人過「四月八」的來歷，就可能與「浴佛節」「牛王誕」兩者都有關係。

五月

端陽節。五月初五日為「端陽節」，又名「天中節」，客家人俗稱「五月節」。舊時，「五月節」是客家人僅次於「過年」的大節日。這一天，家家要備辦三牲敬祖公和敬神。初六日，婦人「轉外家」，親友互相來往團聚。

端陽節的活動，有划龍船比賽，包粽子吃，喝雄黃酒，用菖莆、艾葉水洗澡，門上掛黃葛藤。這些活動都有其來歷傳說。

划龍船比賽和包粽子，是為了紀念古代愛國詩人屈原，傳說與各地相同。喝雄黃酒，用菖莆、艾葉水洗澡，典出神話傳說「白蛇傳」，意為可以避邪消災祛病（實際是中草藥所起的防病治病作用）。

掛葛藤，則是客家人具有特殊意義的民俗活動。此舉，不僅是為了避邪消災，更重要的是與客家淵源有關。

據客家人世代傳說：唐末，黃巢造反時（公元875－884年間），率起義軍進兵至福建寧化石壁一帶，當地正聚集着許多移民。一日，黃巢路遇一中年婦女，揹着一個男孩，手裏還牽着一個年齡更小的男孩。黃巢

感到奇怪，便問那婦人：「你為什麼把大孩子揹在背上，卻拉着小的走路？」那婦人答道：「背上的是我姪子，他父母雙亡，實在可憐；而這小的是我的兒子，如今黃巢造反，我……」話未說完，黃巢已受感動，沒想到有這樣好心腸的人，於是忙對她說：「大嫂，你不要怕，我就是黃巢，我們是不殺窮人善人的。你好心有好報，回去拿條黃葛藤掛在門上，包你平安無事。」那婦人已是無家可歸，只好跟着逃難的羣眾逃到一條山坑裏躲藏安身。她記住黃巢的話，偷偷地將黃葛藤掛在山坑門口，果然黃巢兵來到之時見了黃葛藤就走。就這樣，保住了許多人的性命。那一日正好是農曆五月初五日，因此，客家後代在這一天，都要在門上掛葛藤，既是為了紀念上代那個好心腸的婦女，也是為了紀念愛護窮人的黃巢。這個風俗便一直流傳到今天。

六月

「伯公生日」。又稱「天貺節」，在農曆六月初六日。「貺」音況，賜與；「天貺」即天公賜福之意。民間傳說，宋代某年農曆六月六日，天上撒下「天書」，能賜福人間。因此，皇帝將此日命為「天貺節」，大家須

敬天神，以祈天官賜福，保障豐年。但農民們因天神無形無影，認為既能保障豐年者，應是土地神，於是改為敬土地神（俗稱「土地伯公」），久而久之稱為「伯公生日」。故每年農曆六月六日，農民們均敬伯公，以祈豐收，「天貺節」之名反而被人遺忘。

七月

乞巧節。七月初七日，為神話傳說中的「牛郎織女」一年一度鵲橋相會的日子。《辭海》釋：乞巧，舊時民間風俗，婦女於陰曆七月七日夜間向織女星求智巧，謂之「乞巧」。《荊楚歲時記》：「七月七日為牽牛織女聚會之夜。是夕，人家婦女結綵樓，穿七孔針，或以金銀鍮石為針，陳瓜果於庭中以乞巧。」客家舊俗亦有在「乞巧節」，婦女們「乞巧穿針」之戲。未婚女子，在「七夕」月光之下，引線穿針，以乞其巧，預卜婚姻之事。穿針順手，則謂婚姻順遂；否則，多波折。

中元節。七月十五日，古稱「中元節」，俗稱「七月半」，又稱「盂蘭盆會」（俗又稱「鬼節」）。「盂蘭盆」是佛教梵文譯皆，意為「救倒懸」。據《盂蘭盆經》說：目連以其母死後極苦，如處倒懸，求佛救渡，佛令他在

夏季終了之日（即農曆七月十五日），備百味飲食，供養十方僧眾，即可解脫。中國在梁代開始仿行，後人除設齋供僧外，還加拜懺、放焰口等。

在客家地區，舊時過「盂蘭盆節」，一般即在「七月節」請僧尼設壇「打醮」，要搭醮台，起神壇，安「大士」，備百味食品敬神；「渡孤」，要燒神衣香紙，以渡孤魂野鬼。總的是祈禱神鬼保佑。「打醮」時，除請高僧設道場拜懺祈禳外，同時還請戲班做戲，一連幾晚，熱鬧一番。

「做秋」。農曆七月，許多地方有「做秋」節日，即過「立秋節」。「秋」，客家方言意為「就」「完」。此時夏收夏種已結束，轉向秋季。農民以為農事做秋（就）了，趁此餘閒，備辦三牲、糍果酬神（春天許了福的，要「暖福」；冬天「完福」，即還願）。藉此邀集親朋，團聚一番。

八月

「大清明」。八月初一，俗稱「大清明」。古為「秋祀」之期，客家地區一直是秋祀重於春祀。此時，天高氣爽，多晴明天氣，在此月份內，家家備辦三牲衣紙掃

墓，拜祭先人。舊時各代祖公均設有「蒸嘗田」，各房
輪耕，以收入所得部分，作為祭祖掃墓用費。掃墓後，
由輪值主家辦席，有份者即參加飲宴。掃墓，俗稱「篩
地」（古稱「醮地」）、「打祭墓」。

八月初一起至寒露前，是客家人「二次葬」挖撿骸
骨裝入「金罌」的時期。

灶神生日。八月初三傳為灶神生日，家家備齋果、
衣紙敬灶神，請他在玉皇大帝面前多說幾句好話。同時
藉此請親友聚會。

中秋節。是八月十五日，俗稱八月半。家家戶戶用
糖果酒茶敬「月光」（月亮），月餅（俗稱月光糕）是
少不了的。在客家地區，吃月餅有個傳說：元末，蒙古
貴族統治者對漢族非常苛虐，朱元璋起義，在月餅內夾
紙條傳遞統一號令，在中秋一夜之間共同舉事。因此，
後人為紀念此事，便在中秋之夜大肆慶祝，並一定要吃
月餅。有些地方的「月半大過年」，即指「八月半」。

九月

重陽節。九月初九日為重陽，又稱重九。這是漢
族統一的民俗節日。在客家地區，此日多做登高插青活

動，含避災之意。舊時，重陽節，放風箏活動很普遍，
多是孩子們參加。重九登高插青是古俗，但至今仍很
盛行，雖不插青，登高遊覽者絡繹不絕。在梅州地區，
人們在重陽節遊覽名山勝景，如梅縣陰那山，興寧神光
山，平遠南台山、五指石，蕉嶺長潭，每年重陽節屆，
都是遊人如鯽，盛況異常。

十一月

冬至節。在公曆元旦前十日，本是農事二十四節氣
之一。客家地區羣眾過冬至節，多用老酒炙羊肉吃。諺
云：「冬至羊，夏至狗」，意為冬至時老酒炙羊肉最有
補。過去還有煨製「冬至薑」之舉，即把生薑去皮，用
火煨熟，曬乾，以作藥用，能治痾嘔肚痛。同時，冬至
時多蒸釀年酒，俗云：「冬至酒，留到明年九月九」。
過去客家著名的「糯米陳釀娘酒」，就多在冬至時蒸
釀。冬至節，一般人家都做糯米湯丸吃。俗有「冬至唔
挪丸，老公賴子（兒子）唔賺錢」的說法。

十二月

灶神上天日。農曆十二月二十三日，舊稱「灶神上

天日」，又稱「謝灶神」。迷信傳說，此日「灶神爺」上天，向玉皇大帝稟奏各家善惡之事。家家戶戶必辦祭品敬灶神，請求他在玉皇大帝面前講好話、祈福壽。

「入年架」。農曆十一月二十五日為「入年架」，有說「入年卦」「入年價」「入年庚」「入年假」，當以「入年卦」較準。因為舊時客家民俗，從農曆十二月二十五日「入年卦」起，至正月初五「出年卦」期間，都是「打年卦」（或說「打新年卦」）的時間，說是卜新年卦能管一年，所以家家卜卦算命，其活動多在「入、出年卦」期間。故有「入年卦、出年卦」之說（卦，在興寧、五華及梅縣部分地方皆讀「架」）。

「入年卦」之後，即開始做過年準備工作。如「舂糍、買肉、買油、買糖等，接着蒸甜粄、發粄、炸煎丸、饊子、油角，辦年米等。在年三十日前，要辦好一切「年料」及祭祖、敬神用的香紙燭錠、神衣、鞭炮等，還要搞大掃除，連灶間的棚、桁、瓦底、煙囪都要清掃，鍋灰也要刨光。入年卦後，各姓族子弟開始敲鑼打鼓，叫做「鬧新年」。舞獅舞龍的班子也進入緊張的訓練階段，以便從新年起活動到元宵。

除夕。俗稱「年三十日」，是過年的開始。此日活

動很多，如貼對聯、年畫、門神，派利事錢等。午飯後一家老少輪流洗澡，俗語云：「年三十晡唔洗身會變牛。」洗過澡後，即換新衣服、鞋、帽。下午族人齊集先敬祖公（有些地方上午先敬祖公），然後家家釀豆腐或炒雞酒，一家老少吃「團年飯」，大人還要給小孩分「壓歲錢」（俗稱「壓年錢」）。下半夜（零時），則搞所謂「接財神」，敬趙公元帥，祈求一年財運亨通。舊時有「守歲」之俗，即除夕晚飯後，娛樂到天亮，不睡覺；後改為點燈到天亮，人可睡覺。

2 「大行嫁」與「隔山娶」

客家人的婚嫁習俗，多循古禮，與漢族其他民系婚俗有同有異，同者人覺一般，異者則生風趣。客家婚俗按形式而言，除通常的「大行嫁」之外，尚有「童養媳」「等郎妹」「花頓妹」和「隔山娶」等。

大行嫁

「大行嫁」是舊時一種傳統的婚姻形式，男女雙方

的結合，基本遵照「父母之命，媒妁之言」，本身無自主權。只要雙方父母認為「八字」合，對「身價銀」「嫁妝」「酒席」商議滿意，就算是定了一門親事。

「大行嫁」一般是指十四歲至二十歲的姑娘出嫁（二十歲以上的姑娘被稱為「老處女」「老姑婆」，有「女大羞祖公」的俗語）。禮俗繁瑣，需遵古制，行「六禮」過「三帖」，俗稱「六禮三帖」。這個禮儀習俗是距今三千年前的周朝《禮儀·士婚禮》所規定的：一曰「納采」；二曰「問名」；三曰「納吉」；四曰「納徵」；五曰

客鄉婚俗「送娘家」

「請期」；六曰「親迎」。

　　所謂「納采」，就是男家請媒人向女家提親，女家答應議婚後，男家備禮去求婚，需用大帖。「問名」就是男家再次請媒人請問女方的名字和出生年月日時辰（俗稱「八字」或「庚帖」）。「納吉」就是男家將問得的女方姓名、八字，歸家問卜，稱為「對年生，查八字」，如「八字」不合，也就算了；如「八字相合」，則備禮通知女家，決定締結婚姻，是為「定婚」。「納徵」又稱「納幣」，就是定婚後，男家正式向女家下聘，需用大帖（這個「聘禮」才是今天所謂「彩禮」）。男家下聘之後，擇定婚期，備禮告女家，徵求其同意，這就是「請期」，亦需用大帖。如女方同意，即決定迎親吉日，屆時，新婚須親至女家迎娶，即所謂「親迎」。至此，才算大禮告成。

　　這種繁瑣的傳統婚俗禮儀，直至近代才逐步得到改革、簡化，但近三千年的遺風，仍可見其「影子」。如今婚俗仍大體有六個步驟：「納采」請媒人牽線，變為別人介紹（媒介）或自我介紹（自由戀愛）；「問名」「納吉」「請期」如今則當面商議，定親，定婚期；「納徵」下聘，現在也還有收「身價銀」的；「親迎」，如今照

樣「迎親」，但意義則絕不能相提並論了，因為過去的婚姻是父母之命，現在是婚姻自主。

舊時客家迎親禮儀繁多，一個「大行嫁」的迎親儀仗隊伍就有十多人至二十多人，其排列次序為：擎「高照」（木柄大紅燈籠一對，上書男家姓氏、堂號）二人；擎「吉采」（紅布綵幟）二人；擎「麒麟、鳳凰」（金、銀紙紮的）各二人；中軍（俗稱「銅鼓、笛客」）四至八人；抬媒人轎二人；抬新娘轎四人；「拖青」一人；抬豬羊三牲果品酒菜者十人左右（這些人回時則抬嫁妝，如牀、櫃、櫥等）。一般前一天到女家，第二天才迎娶回男家。

這種迎親禮儀直至 20 世紀 50 年代初才消失，如今娶親，一般只用一擔小槛（籮隔）、一輛汽車就可解決。近年不少農村成立有「新婚理事會」，專為人主辦新婚禮儀，既新鮮又大方，既隆重又節約。一般由雙方商定一個日期，用汽車載過門，舉行一個茶話會，新郎新娘介紹戀愛經過，講講婚後對生活、生產的打算。婚禮還有歌舞等活動，大家盡興而歸。

新娘過門又稱入門，即娶歸。舊時，凡已定婚的姑娘都要「避生」，即躲在閨房，連未婚夫也不見。躲

在閨房並非休息，而是更忙，因為要準備行嫁衣服。家貧者要自己織苴織布，請師傅裁製好足够穿一二十年的四季衣裳。出嫁前晚至上轎前，新娘不准喝湯水，預防小便多。一是因為上轎後轎門即加鎖，半路是不准下轎的。相傳是因為古代祝英台出嫁時，藉口小便下轎，結果去祭梁山伯，雙雙化蝶飛走了，從此後，新娘轎就要上鎖了。二是因為新娘入門後，在新房內不准小便，要到「鬧新房」的親友走後才可方便。由於以上兩個緣由，所以新娘要在入門前晚開始禁喝湯水，俗稱「禁尿」。為了禁尿，還特地要新娘吃些白果之類的斂尿的藥。新娘出嫁上轎前，舊時還要唱「哭嫁歌」[1]，哭中帶罵，罵父母、罵兄嫂讓自己出門，以示對家庭的留戀。此俗早已廢除，改為告別家庭時哭泣流淚。

新娘上轎要請族長（叔公）或父親牽上轎，尊長要唸四句吉利話，如：「茶香酒香，子孫滿堂。百年好合，五世其昌！」新娘入門時要「請轎」，請尊者開轎

1　客家女子出嫁時唱「哭嫁歌」之俗，古時較普遍，近代以來逐漸少了。梅州地方，僅大埔縣光德鎮仍有此俗。在深圳和香港一帶的客家人，此俗流行較普遍，近年來，深圳市文化部門就蒐集到「哭嫁歌」一百多首。

客家舊婚俗「哭嫁」

門。「拜堂」後由新郎用紅布牽引新娘進新房（洞房），
舉行「合巹」，俗稱「交親」。晚宴後，親友鬧新房，
新郎新娘要任人擺佈，後來推行新俗，多改為唱歌跳舞
等。夜深賓客散盡，才正式鋪牀、掛蚊帳。掛帳要請一
「好命者」為之，稱「吊帳伯姆」。掛蚊帳時也要唸四
句吉利話，如：「蚊帳吊得四四方，夫妻偕老百年長；
蚊帳吊得正正的，兒孫滿堂有出息。」新娘過門後兩日
內，可以「閒聊」，第三日始幫家務。古詩有「三日入
廚下，洗手做羹湯，未諳姑食性，先遣小姑嚐」句，可
見客家風俗是自古流傳。新娘入門後，要在當月內「回

門」（回娘家），吃九餐飯，諧意為「長久」往來。婚後第一個春節，新女婿要偕妻回娘家住一晚。如今「新姑丈上門」之俗仍存，但住不住由你。

童養媳

舊時，客家人除「明媒正娶」的所謂「大行嫁」外，較普遍的還有「童養媳」婚制。實行這種婚制的，絕大多數是貧苦人家。他們辦不起「大行嫁」，又怕娶不上媳婦，乃行此婚制。當家中生有（或買、收養）男孩後，即向外姓人買（抱養）一個女孩，以作媳婦。長大後，由養父母決定，找個吉日完婚。其婚期多在大年三十晚上，不必舉行任何禮儀，也不一定辦酒席請客，社會上也給予公認為「合法」婚姻。「童養媳」婚制屬包辦婚姻，20 世紀 50 年代初已取消。

等郎妹

「等郎妹」，是當家中尚未有男孩時，先抱養一個女孩，等到「郎」後，相配為夫妻，長大後才成婚。這種婚姻往往女的比男的大幾歲，也有等了十幾年才等到「郎」的。有的媳婦長到十七八歲，「小丈夫」才幾歲。

正如山歌唱的：「十八嬌嬌三歲郎，夜夜睡目抱上牀；睡到半夜思想起，不知是子還是郎！」

花頓妹

「童養媳」長大後不與童養的「丈夫」婚配，或「等郎妹」等不到「郎」的女子，則成為養父母的「養女」，俗稱「花頓妹」，由養父母做主，再行對外婚配。這種婚嫁禮儀類似「大行嫁」，但沒有那麼排場體面。聘金、嫁妝等均低一等。「花頓妹」屬養女待遇，可「兩頭行」，即同時認養父母和生身父母為父母。

隔山娶

「隔山娶」係客家興梅僑鄉的一種特殊婚俗。僑鄉男子多在年輕時即出洋謀生。在家鄉的父母託媒人介紹找個媳婦，娶回家中，稱為「隔山娶親」，有人戲之為「嫁魂魄」的。因新郎不在家，一般提一隻公雞代替「新郎」，新娘入門時即與公雞「拜堂」。舊時，辦此婚事者多為中等以上僑屬家庭，有些則是較為富裕的家庭。這些家庭，家中田地多，建有新屋，而勞力較少或者有年老父母需人照顧，要個「看家婆」以維持家庭勞作

和看管房產。「看家婆」只是承了某人之妻的虛名，實際上往往終身守寡，最後只好買兒女來撫養。此俗亦在 20 世紀 50 年代初廢除。

3 喪葬、掃墓儀式

客家人的喪葬習俗，既古老又獨特。喪葬禮儀，沿襲周禮，繁瑣而莊重。主要的禮儀有如下幾項：

喪葬禮儀

出廳下：在死者病危斷氣之前，子女要將其抬至正廳上堂，置於鋪板牀上，墊枕頭，掛蚊帳，牀前點燈，親屬日夜看守。

買水叫號：病人死後，須一親屬（一般是長媳）持一個大碗（或缽）到門口河裏（或池塘、水溝裏）「買水」（舀一碗水，丟幾個錢到河裏去），去時要一路開聲痛哭，俗稱「開號」或「開孝」，回來時不能哭。水買回後，趁屍體熱軟時，及時給死者抹身，更換衣服，穿好鞋襪（壽鞋襪），戴好帽子。衣服要穿七件，拆去

衣鈕，用麻皮紮緊，屍身下面用「扛被」（用六尺白布）
墊好，然後墊高枕頭（也有用新瓦當枕者），不再蓋
被，仍要掛蚊帳。

守靈：將死者打扮安置停當後，一家親屬（在家親
屬）須齊集日夜守靈。廳門掛上帳簾。舊俗：死者斷氣
後三天內不准入殮（裝棺），期望死者還魂回生。守靈
者在廳下地板上攤上竹簟，在簟上休息。守靈者須守至
出柩前夕。

探青：死者停放在廳裏，至大殮前均有親友來探
問，看望遺體，俗稱「探青」。孝家先置一面大銅鑼在
大門外，凡有探青者來至大門口時，有專人司鑼，孝
子孝孫聞鑼聲即要到門口跪迎並痛哭開號（孝），探親
者要扶起孝子孝孫，然後入門，先向死者靈位唱喏、鞠
躬，然後掀開蚊帳探看死者。

訃告：死者家屬（俗稱孝家）在親人逝世後，即
及時請人「看日子」開日課，何時小殮、大殮、成服、
出柩、還山，均須確定月日時辰，先書寫一張貼於大
門外，稱為「門訃」，然後向親戚發出訃告（俗稱訃
音帖）。凡接訃告者均須於大殮前到達，已嫁出之女眷
（女兒、孫女）須提前偕丈夫子女同來。送訃音帖之人

到親戚家後，親戚家須煮點心，給紅包。送訃告，俗稱「報生」。

小殮、大殮：將死者裝入棺材，不加釘封，叫小殮；加釘、封死叫大殮，均須按日課時辰。小殮時辰隨便些，小殮後仍可開蓋看遺體；大殮則不可隨便。如遇氣候熱，怕遺體腐臭，而離「出柩還山」時日又遠，可另看吉日先行大殮，甚至「打統」（即用防腐劑，用紗紙浸透桐油，將棺材密封），以待正式出柩日期。有些因子孫未到齊，擬暫不辦喪禮者，則舉行「停庫」，即將棺材置於一特造的小屋內停放，待日後再行發喪還山安葬。

成服：是喪事最莊重的時刻，在「出柩」還山之前舉行。在僧尼陪伴下，由禮生（女的則由娘家人做禮生）主持（有「執事」幫助）下進行，全體孝子孝女等直系親屬及一些旁系親屬均須參與。成服時，一般按古（周）禮，先旌諡，後行「三獻禮」，然後「成服」。「祭麻」後，全體孝子孝女、孝孫、孫女、媳、孫媳、婿、孫婿等，穿麻衫，孝子執孝杖棍（又叫「哭喪棒」，男喪用竹，女喪用桐木，長三尺許），頭戴麻帽，均赤腳（有孕者可免禮）。

出柩：成服後，抬棺出屋叫「出柩」。將棺材放在屋前禾坪上，用兩張八仙桌凳放好，然後孝子孝孫們進行「繞棺」，有僧（尼）唸經，唱悼亡歌、把酒歌、十二月古人歌等，然後抬柩出行還山（俗稱「送葬」）。

還山（即送葬）：送葬時，有儀仗隊，行列次序如下：（1）大銅鑼開道（一人敲大銅鑼先行）；（2）散路紙（一人邊散路紙邊放鞭炮）；（3）孝家燈籠（用竹製，一頭開幾片弄成丫叉，用白紙糊成，男喪寫「嚴制」，女喪寫「慈制」）兩個；（4）擎銘旌（女喪由娘家人製送，並由娘家派人擎）；（5）鑼鼓八音；（6）擎簇者；（7）抬棺材者；（8）孝子孝女們；（9）親友們。如是女喪，棺材將到埋葬地時，孝子須跪謝外家；男喪則跪謝族長。此時，一般送葬親友可以折回。所有送葬人回到孝家時，須跨火堆，喝利事酒，然後入屋。午飯後即做「佛事」，請和尚或齋姑唸經超度亡魂。有些地方則先做佛事，然後才出柩還山。這是古時禮制，因不衞生，又有棺材嚇人，後來多改為先出柩還山，後做佛事。

埋葬：客家人普遍實行「二次葬」，多用「墓窿」（平原用挖坑埋葬）。葬後三至五年（男雙女單）再將骸骨

挖起，用陶罐（俗稱「金罌」）先寄放在土坎上，選好吉日時再舉行「墓葬」（俗稱「葬地」），這是第二次葬。實行二次葬是客家特有的風俗，有其社會歷史原因。原來客家先民由中原輾轉南遷，難以定居，隨時準備再遷徙。他們遷徙時，均隨身將祖先骸骨帶往新遷地，以示不忘。他們都不把祖先一次葬定，以便隨時遷徙，久而久之便形成習俗 ——「二次葬」，一直沿襲至今。

做地（砌墳墓）：須另擇吉日。做好墳墓後，將「金罌」安置於「金井」內，最後「圓墳」（封墳頂），樹墓碑，這就是第二次葬。

近年來，在城市內提倡火葬，殯葬儀式簡化多了，做佛事的習俗也可行可免。

舊時客家人建墓非常講究，有如像生人住宅那樣講究「風水」。墓地寬闊，墓身高大，墓碑堂皇。當過大官的，墓前還豎楣杆、列石俑、石馬等。就是一般百姓，墳墓也造得很講究，只是規模小些。

建墓一般都屬「二次葬」。後來也有「一次葬」的，俗稱「大葬」，係用棺材直接葬入墓穴，大葬者多屬有錢人家。近代又有「做生基」的，即人未逝世先做墳墓，待死後將棺材葬入。

掃墓風習

　　至於祭墓，則各地風俗大同小異，說法也有不同。客家人多稱「祭墓」為「篩地」，或稱「鏟墳」，文字上統稱「掃墓」或「打祭墓」。說法各有來由。「祭墓」或「打祭墓」實是一樣。「祭」是較講究的，要用全豬、全羊、三牲（雞、魚、肉）、果品等；禮儀莊重，要推出一批主祭人，還要有一位懂禮儀的當禮生，兩位懂行的當執事，要讀祭文，行三跪九叩禮。手續繁瑣，就像在祠堂祭祖公一樣（只是祭文有些不同）。過去這種祭墓形式，多用於祭祀較集中的祖墓。

　　一般掃墓多稱「篩地」（古稱「釀地」）、「鏟墳」。「篩地」是因為掃墓時，要用茶酒篩在墓碑和墳地上，故有此說。「鏟墳」則因掃墓時，必須先鏟淨墳墓內外的草木。一般人家掃墓不那麼講究，只用一副三牲、茶、酒、果品，燒些香、燭、衣紙，鳴放鞭炮即可。

　　不論何種規模的掃墓，都要在墓頭上壓上一疊灑有雞血的草紙，稱為「掛墓頭紙」。在環墓身的半圓圈內，要散十二張草紙，當年若遇閏月，則散十三張。墓的「后土」（男左、女右，考妣合葬者則左右各一座）亦須燒香燭。

　　客家人的祭墓時間，古時多興春秋二祀（祭）。春祀在「清明」節起及以後幾天，秋祀在農曆八月初一（俗稱「大清明」）至九月上旬「寒露」節前。在秋祀期間，多起骸骨及進行二次葬。近現代以來，各處祭墓時間不一，多改為一年一祀，有春祀，也有秋祀，多是秋祀的；亦有「清明」只掛紙，秋祀才正式掃墓的；尚有在春節後至元宵前掃墓的。

　　在未起骸骨的墳前和未安葬的金罌前，一般只在清明掛紙，插三支不點燃的香。如在清明不掛紙不插香的，則被認為是無後代者（已「葬地」則不然，因為尚有秋祀）。故凡兒孫外出，都力爭清明前趕回來給祖先掛紙，或委託親房代為掛紙。俗語有云：「清明不掛紙，雷公好斫死。」無特殊情況而不給祖墓掛紙、祭掃者，被視為「不孝子孫」。

　　客家人對上輩遺骸是必定要安葬的，就是對那些無後代的親房前輩，也儘可能給予安葬。對確已亡故又找不到遺骸者，或在海外亡故者，尚有「衣冠塚」「葬銀牌」的形式。「衣冠塚」是將已故親人生前穿着過的衣服、帽、鞋，裝在「金罌」內安葬；如果確無上述遺物，則打一銀牌，刻上死者的姓名、輩世、生卒

年月日時，裝在「金罌」內安葬，稱「葬銀牌」，後改
用新瓦代牌。對於那些確已無後或無主的骸骨，慈善
者義務給予安葬，墓碑上刻「古老大人之墓」，或將眾
多的無主「金罌」集中一處安葬，建一大墓，稱為「義
塚」，由鄉紳善士議定時間公祭（或每年一祭，或三年
一祭不等）。

4 「輕身」的禮俗

嬰兒出生，稱為「輕身」，對客家人來說，是一件
大事。從婦人懷孕、嬰兒出生、婦人「坐月」到孩子起
名、「上燈」等等，都有一套習俗。

有喜

客家人對於婦人懷孕，有幾種說法，一般稱為「有
喜了」或「有身孕了」「有身上了」。方言則稱為「挽
大肚」，書面文字也寫作「懷孕」。

婦人懷孕期間，家官家娘（家公家婆）因期望早抱
孫子，特別歡喜，做老公（丈夫）者，也是同樣心情。

一般都注意保護，不讓她做過重的農活、家務。經濟許可者，還適當給予營養品滋補。但舊時窮人家，多無法顧及，一般都照樣做各種農活家務，勞作一直到分娩前夕，甚至有生產在田間者。孕婦能否得到優待，多取決於家庭經濟情況和勞力情況。

婦人懷孕後，家人都希望她生產安全、順利。有些做家娘的，會到處求神起福，還有敬「胎神」的，以祈求神明保佑。孩子出世後，家人一般在滿月後要去「完福」（即還願）。

家中有孕婦者，還有諸多忌諱。孕婦住房內不得釘釘子，不得縫針線，不得動鐮刀，不得焚燒東西，不得搬動牀位等；家中不得「搭牛攔糞」，不得捅水涵，不得動土，以免驚動「胎神」（或說「胎娠」），造成嬰兒「破相」。傳說，釘釘子、縫針線會造成嬰兒瞎眼，動刀子會造成嬰兒「缺嘴脣」，焚燒東西會造成嬰兒有「胎跡」等等。為此，不但一家人做事要注意，連共屋人做事都要注意。

「輕身」

客家人稱嬰兒出生為「輕身」，簡稱為「輕」。如

說：「某人昨夜『輕』了。」所以「臨產」就叫「臨輕」。
生孩子，俗語又稱「養」「供」，如說「某人今朝晨養
（供）了賴子（男孩）」。

　　嬰兒出生前，家中要事先做好幾項必要的準備工
作。一是先蒸好糯米酒，並在臨產前煮好倒入陶甕中，
再將陶甕埋入穀殼火堆中慢慢將酒煮得沸騰；二要準備
好相當數量的生薑；三是要多養一些雄雞，閹好養大。
以上是供產婦（俗稱「月婆」）坐月子時，煮「薑酒雞」
吃的。「薑酒雞」是客家婦女「做月」時最重要的傳統
營養品。「薑酒雞」是薑、酒、雞三者合稱。其做法是
將閹雞劏好後切成大塊，入鍋中炒去血水後先鏟起；生
薑先去皮，剁碎，用花生油或茶油炒熟，至開始起「鍋

客家月子餐：薑酒雞

巴」為止，再將雞肉倒入同炒一陣，然後把事先炙好的糯米酒倒鍋中，至雞肉燜爛為止，即可供產婦食用。也有炒後放進陶煲中熬煮的。薑酒雞香甜可人、營養豐富，產婦食後可保證嬰兒有充足的奶水。

孕婦產前，還必須為其準備好嬰兒的衣裙、尿布等，以便產後即可用。這些衣服，必須事先用開水煮過曬乾保管好，以免病菌傳染嬰兒。

在嬰兒出生時，先叫來「接生婆」（現在是請婦產科醫生，或乾脆住醫院生產），煮好開水，放涼些（不能沖生水）備用，包裹嬰兒的衣物也要先備好。舊俗婦女分娩時，男人（包括丈夫）均不得到場，產婦由婦女侍候。現今不同了，丈夫亦可在場。

嬰兒出生後，家中要殺一隻「生雞公」（未閹的公雞）敬天神，敬過神的雞即用來炒「薑酒雞」，這首次的「薑酒雞」，除一部分給產婦吃外，主要用來送鄰居（一般是共屋者和上下屋人）每家一碗，以示「報喜」，又表示感謝大家的關心。此俗至今仍然流行。以後再炒的「薑酒雞」，則給產婦食用。經濟條件許可的，每天殺一隻雞，讓產婦直吃到滿月。

坐月

婦女在坐月子期間，要紮頭帕，不得洗生冷水；要用草藥煮開水，放涼後洗澡，以防受風。舊俗，要將煮過水的草藥渣，拋到自己屋上去，不得亂拋在垃圾堆裏。產婦未滿月前，不得吃青菜和生冷食物，以防「過乳」引起嬰兒消化不良，還忌吃羊肉和麥粄。迷信說法是，吃了以上食品，將來母子均會「發麥魯」（皮膚病）。這是傳統說法，似無科學根據。

產婦要產後三天才可以出房門。出門要包頭、穿屐，不得「徑露水」（沾上露水）。直到滿月之前，均不得做過重的家務，尤其不得下田幹活。這些規矩，是有道理的，因產婦體質較虛弱，易受病菌侵染。以上規矩，其實是防病措施。但若是窮人家而勞力又缺者，也顧不了許多，生下孩子後，自己把頭一包，就出門做家務事。也正因為如此，導致不少產婦子宮下垂、「中月子風」，或得風軟病等。「中月子風」即「產後風」，最危險，舊時難治，往往造成產婦在月內死亡，此種情況俗稱「落月死」。死後不能「開孝」，用白木棺材（俗稱「火料子」）殮好即抬上山埋葬。葬後還要在墳前用竹木釘「十字架」，以示這是「落月鬼」不准再「超生」。

實在可憐！

　　嬰兒在「滿月」之內，最怕「破傷風」病，如患「破傷風」，會牙關緊鎖，迷信說法是「鎖子鬼」纏身，此病難治，往往造成死亡。致病原因其實是因接生工具不潔，細菌侵體引起「破傷風」，並非有什麼「鎖子鬼」纏身。

滿月「安名」

　　嬰兒出生一整月後為「滿月」，要做「滿月酒」。舊時，「滿月」時正式給孩子命名。通常的情況是，當嬰兒出生後幾天，家長即請算命先生給其算命、「查八字」，看孩子幾歲「上運」，命中缺什麼（即指在「金木水火土」五行中缺哪行）？滿月時，備辦三牲、衣紙等酬神完福，宴請親友，這就是「做滿月酒」。

　　嬰兒「安名」有幾種情況。古時有用「抓物定名」的辦法，即在孩子滿月（有些是周歲）時，用竹製「簸蘿」或「簸箕」，裝上紙筆墨硯書卷和針線等物件，讓孩子伸手去抓，抓到何種物件，即以何種物類安名；此為孩子的「乳名」或稱「家名」「小名」。另一種是按其「八字」五行中缺什麼，即用什麼字（或用其偏旁部

首的字）安名，排上本姓本房輩世。如，該輩排「昌」字，此嬰兒「命中缺水」，則安名「水昌」。

孩子在滿月內，由家長請人算命，如算出其與家人在「八字」中有「相沖相剋」，則採取如下幾種措施加以防避。一是給孩子起賤名，曰阿狗、阿豬；或稱富貴、長命。二是出賣、過繼，俗稱「過房」。「賣」有真賣、假賣兩種，不論真賣假賣，都要寫年庚帖送給「買」者。三是待孩子長大到能說話時，令其喊父母為哥嫂或叔嬸，以示「疏遠」。

上燈

客家地區至今仍普遍流行「上燈」（上，讀如賞）習俗。「上燈」之燈，原為「丁」，即添丁之丁。舊時統計人口，男稱為「丁」，女稱為「口」，統稱「丁口」。後因「上丁」時，要在祖堂上掛燈，久而直呼為「上燈」。凡是在上年內添了丁（男孩）的人家，都要在新年正月半（元宵節）時，到祖堂掛燈，辦三牲敬祖先。添一丁上一燈，添兩丁上兩燈，如此類推。原意為向祖宗彙報丁口，並祈祖宗庇佑，但同時也邀請親朋會餐，以示慶賀之意。上燈日期，一般在正月十四至十六左

右。過去只為男孩「上燈」，生女則不上燈，是重男輕女所致。20 世紀 50 年代以後，提倡男女平等，也有為女孩上燈的。

5 「做生日」和祝壽

客家人對「做生日」「祝壽」是很重視的。俗語有云：「還生望生日，死後望三七」。因為客家風俗，人在生前要做生日，得一番慶賀和物質享受，死後「三七」（第二十一天）子孫要隆重祭奠一番，故有此諺。

客家人對「做生日」和「祝壽」雖意義一樣，但有區別。俗語稱「人滿六十為上壽」，不滿六十者不能「做壽」，只能「做生日」。因此，凡六十歲以上者的誕辰慶賀才稱為「做壽」，又稱「拜壽」「祝壽」。「拜壽」是對子孫而言；「祝壽」是對親友而言。

做生日

「做生日」是紀念誕辰，從周歲起即有。周歲誕辰叫「做對歲」，由父母做主，敬天地神明，宴請親

友。有錢人家非常講究，比做滿月還排場，親友祝賀，送衣服、玩具、鞭炮等。此後，每年誕辰都可以做生日，在未成家立業前均由父母做主。較簡單的「做生日」是由父母煮兩隻雞蛋、染紅，剝給子女吃。吃時要靠在梯上吃，以示「腳踏樓梯步步高」之意。十歲以上「做生日」較講究，有「做齊頭」和「做出頭」的區別。「齊頭」即逢十做，「出頭」即逢十一做，實際是按周歲計。客家人多數做「出頭」，如二十一，三十一，四十一，五十一。

「做生日」，總的來說比較簡單，因為尚未「上壽」。民俗認為，未上壽之人若做生日過於隆重，恐怕會折壽年，因此，有些人雖然富裕，也對「做生日」不太重視，不敢過分宣揚。舊時，因多數人家窮苦，一般生日都是隨便過去，最多是煮兩隻雞蛋吃算了。

做壽

「做壽」，一般從六十一虛歲做起，叫「大生日」。七十一歲以上叫大壽。做壽很講究，一般由子女、女婿等出名，宴請親友，要發請帖。家中要設「壽堂」「壽幛」，要請長輩或官員主持祝壽禮，要有人「司儀」，

要請「八音班」鬧堂。有錢人家還請戲班做幾台戲，非常熱鬧。

拜壽、祝壽時，「壽仙」（本人，或夫妻一起）端坐於壽堂正中的壽椅（一般用披紅靠椅）上，壽堂正中兩側均設華麗的「壽幛」，兩壁掛滿眾親友敬賀的壽聯等中堂字畫，桌上擺滿慶賀禮品。子孫親朋齊集後，「壽仙」接受子孫拜壽和親朋祝壽，獻壽桃、壽幛等，然後分別由主賓代表講話，鳴禮炮，禮儀即告結束。接着壽仙、賓客入席。

宴會間，有八音班鬧堂。若請有戲班即從當晚起開演。

做壽的「壽桃」，如正值產桃子時，須用鮮桃；如

客家壽桃粄

無,則用麵粉製成「桃子」以代替。做壽之席,首碗菜應先出「壽麵」,稱為「長壽麵」,以「長麵」諧「長命」也。其餘菜色按常俗。

不忘父母恩

對「做生日」「做壽」,客家人也有一個說法,即係「自家的生日,就是母親的『難日』,父親的『驚日』」,要先孝敬父母。此話很有道理!因為,當自己出生之日,正係母親分娩遇險的苦難之日,也正係父親為母親分娩而擔驚受怕之日,所以,為自己生日高興的時候,不能忘記了父母的苦難,忘記了父母的恩德。為此,有不少客家兒女每逢自己生日時,都更思念父母,為父母製衣、購物,噓寒問暖,孝敬一番。有的還專門到已故的父母墳前祭掃,以表孝心。此風可長!

近幾年來,在客家城鄉辦了許多老人會,或稱敬老會、壽康園,每到一定時候,為老人們舉行「集體祝壽」,禮儀簡單又隆重,這種風俗,似已漸被推行。

五 風水、鬼神信仰

1 多神信仰

　　客家人沒有一個統一的宗教信仰，他們是多神論者。不論是佛教、道教、基督教，還是天、地、神、鬼、巫，樣樣有人信，甚至同時都信仰、崇拜。當你踏進客家地方，可見一種奇特現象，到處都有神壇社廟，舉目都是「神明」，天有「天神」，地有「伯公」，門有「門神」，塘有「塘神」，井有「井神」；「公王」「社官」村村可見；「山神伯公」山山都有。連飯桌、菜籃、插箕、掃帚，都可為「神」。敬了如來、觀音的人，又去敬呂洞賓；在天主教堂做過禮拜的人，又去敬社官、問巫婆。他們到底信仰什麼教呢？誰也說不準，但又誰都明白，那就是「什麼都信」，能庇佑我者就崇拜。這就是客家人宗教信仰方面的奇特現象。

　　客家人為什麼會形成「多神論」，什麼都信呢？這

與他們千百年來的苦難歷史有關。他們的先民，自西晉末被逼南下，幾次大遷徙，輾轉萬里，在南荒之地落足謀生，苦難重重，隨時隨處都可能逢災遇險，終日惶惶，人力的保護又不可企求，因而寄望於天地鬼神的庇佑，所以見神拜神，見廟燒香，以作精神上的寄託。這就是客家人形成多神論的主客觀因素。

根據具體情況分析，客家人的宗教信仰，大致可以分為兩大類：一是宗教；二是各種信仰。下述其詳：

宗教

在世界上有三大宗教，即佛教、基督教、伊斯蘭教，而中國的傳統宗教是道教。以梅州地區為例，客家人除不信伊斯蘭教外，佛教、道教、天主教、新教都有人信仰，最廣泛的則是佛教，其次是天地神明、社官土地。

佛教傳入梅州，已有一千兩百多年歷史。最早的是在唐憲宗元和十四年（819 年），僧人至性禪師到大埔傳教，在英雅坑尾疊石為室，起名「萬福禪室」（1460年改建為「萬福寺」）。唐文宗太和年間（約 831 年），僧人潘了拳（即「慚愧祖師」）到梅縣陰那山結茅為寺

大埔萬福寺

（咸通年間 861 年改建為「聖壽寺」，1385 年擴建改名「靈光寺」）。以後經千年之久，梅州各縣佛教盛行，寺廟林立。

梅州佛教有「四眾弟子」，即「出家二眾」和「在家二眾」。削髮出家的二眾稱「僧」和「尼」。「在家二眾」是男女在家帶髮修行的居士。削髮修行的僧尼，住寺廟庵堂，每天晨鐘暮鼓，早晚功課，唸經坐禪，供善男信女進廟進香、拜懺、許願、祈福、結緣等。進廟善男信女多「拜佛求籤」，以卜未來吉凶。「在家二眾」以「居士林」為活動場所，每月農曆初一、十五，為林

友聚會唸經日；平時均在家，各務其業。

梅州佛教活動，有兩點與眾不同的地方：一是凡居寺廟庵堂的僧尼，都經常出門應請為喪家做佛事，即為死人薦亡超度，一般叫「做齋」或「做佛事」。多是「做過案」，窮苦者為「救苦子」（又稱「半夜光」）。有「接神」「拜懺」「招魂」「悼亡」「打蓮池」「打關燈」（男）、「拜血盆」（女）等項目，還有帶技藝性的「打鑼鈸花」表演。二是梅州的「尼」，都不是削髮修行的「女和尚」，而全是帶髮修行出家的「齋婦」（俗稱「齋嫲」）。這是梅州地區的創舉，全國各地皆無。梅州「齋嫲」的興起，也只是近代以來的事。梅縣已故先賢梁伯聰在《梅縣風土二百詠》中，有詩道及此事。詩云：「循行無復舊規模，竟以親喪講樂娛。特取腥羶招蟻附，大家來看靚齋姑。」他在詩後自註說：「近來，喪家禮佛懺，廢男僧，用齋姑，新興花樣，有打八角蓮池等名目，齋姑靚妝冶容演技，少年觀客如蟻附羶，喪哀之中，竟講娛樂，始而小戶人家為之，近既普遍大戶，傷風敗俗，莫此為甚。」此詩是 1944 年所作，可見梅州「齋嫲」之興起，也不過是七十餘年的事。當時，大家還看不慣，認為是「傷風敗俗」之事呢！但是，既然齋姑一

出場,就「觀客如蟻附羶」,亦可見受羣眾歡迎,所以
「始而小戶人家為之」,後則「普遍大戶」。據有關部門
統計,梅縣 1940 年全縣有和尚 200 多人,「齋婦」180
多人,兩者幾乎相等。至 20 世紀 40 年代末,則變為和
尚僅有 42 人,「齋婦」卻有 126 人,將近和尚的三倍。
「齋婦」,不僅在梅州風行,而且還由華僑傳到泰國、
新加坡等東南亞各國。

　　道教,是中國東漢桓帝時(147—167 年)的張
道陵(後尊為張天師)所創的一種宗教,在清朝乾隆
年間,開始傳入梅州,在梅縣城的紫金山頂供奉「呂
祖」,設壇參拜。這「呂祖」即是神話傳說「八仙」中
的呂洞賓(呂純陽)。傳說,他原是「打搏筒」賣藥行
醫的,後人尊為「呂帝」。那些雲遊行醫賣藥的,皆尊
呂洞賓為祖師,故有「呂祖」和「純陽祖師」之稱。「呂
帝壇」中設有「靈藥籤筒」(三種:一筒為內科,一筒
為外科,一筒為眼科)供善男信女求醫問藥。求籤後,
對號取籤片(即藥方),用該「藥方」撿藥治病;壇中
亦有施藥之舉,傳說「相當靈驗」,故「呂祖壇」香火
極盛。

　　1949 年之前,梅州道教除在紫金山頂設呂祖大仙

壇、紫金山下設呂帝廟外，還在梅縣城郊的大浪口羅屋、梅縣長沙鎮的火混棚設有道場，逢農曆初一、十五日，道徒們都到廟壇參拜誦經（道家經卷，主要是老子的「道德經」）。梅州信仰道教者稱為「呂門」，他們主要舉辦慈善施捨等公益事業。「呂祖同門」外出南洋各埠者不少，特別在泰國也建有「贊化宮」（贊化：意為「贊參天地，化育生靈」），就是從梅州傳播出去的。梅州道教（指「呂門」），曾一度被禁止活動，廟壇亦

贊化宮，梅州市規模最大的道觀，也是梅江區道教協會的會址所在。

無存。改革開放後，各種宗教又恢復了活動，由華僑中的「呂門」弟子捐資在梅城赤崀崗重建了一座「呂帝廟」，香火極盛。

在梅州還有另一派道教，道士俗稱「覡公」，係在19世紀初，由福建傳入興寧的。專以「做覡驅邪」「安龍奉朝」等方式進行活動。「做覡」時，以「覡公」「覡婆」（男扮女裝）出場唸經作法，有歌、有舞，其中有「迎神」「上表」「化表」「落馬」「招將」「辦軍糧」「扇花」「吱花」「杯花」「棍花」「梳妝」，唱「雞歌」等歌舞，還有「打蓆獅」等。民間一般在做屋、修屋（主要是祖公屋）「安龍」「轉火」或「打醮」時，就請覡公來「做覡」、出煞驅邪。「覡公」最盛時，從事於此教活動的（或半教半農）約有三十多人。

天主教（又稱「羅馬公教」）與新教和東正教並稱為基督教三大派別。天主教與新教於1844年—1852年間先後傳入梅縣、五華（東正教未傳入），以後逐漸傳至梅州其他各縣。各縣均設有教堂和祈禱公所，該教除傳教外，同時注重興辦醫療、教育等公益慈善事業。根據1950年調查統計，興梅地區（今梅州市）天主教仍有神父、修女51人（美籍27人，法籍2人，中國籍

22 人），教堂 29 間，祈禱公所 20 多處，教徒 15000 多人，還有聖約瑟修院一間，女修道院六間，教會中學一所、小學六所，識字班四個，施藥處七個，織布廠一間，單車店一間。

基督教先後在梅縣創辦有廣益中學、廣益女中、樂育中學、樂育小學、德濟醫院（即現在的梅州市人民醫院前身）和心光盲女院等。

各種信仰

正如上面所述，客家人屬「多神論」者，除信仰上述正式宗教之外，最普遍的還是崇信天地鬼神和社官土地。如「天神」有玉皇太帝、王公王母、七仙女、虛空過往神等；地神則有地藏王菩薩、十殿閻君等；什麼「牛頭、馬面」、惡鬼、夜叉（所謂是「催命鬼」）也有人敬信。敬「關帝」（關雲長）者，則到處都盛行，客家地方，到處都有關帝廟。崇信社官、公王、土地伯公者，則更多。俗話說：「城裏敬城隍，鄉下敬公王。」城隍、社官、公王都屬土地神，幾乎人人崇信。在鄉下「神」就更多了，幾乎無物不神。例如：祖公廳堂有「龍神」，爐灶有「灶神」，房間裏安有「財神」，眠牀有

「牀神」，大門有「門神」，池塘有「塘神」，井頭有「井神」，河邊有「河脣伯公」，山上有「山神」，田頭有「田伯公」，有些人連廁所也安「屎窖神」。甚至一些家用物具也作神拜，如過年至元宵節時，有「桌神」「菜籃姐」「稈掃神」「插箕神」，真是「神乎其神」！婦女們有不少人信「巫婆」，有「轉童」「關仙」「問鬼」等活動。客家俗話有說：「男人發癲，打米換煙；婦人發癲，打米問仙」，這「打米問仙」，就是指請巫婆「轉童」關仙問鬼事。所謂巫婆請神後，有仙人引已故親人的陰魂附體，便可詢問陰間事，故客諺又云：「打米問仙同鬼講」。

2 風水屋場的講究

客家人普遍相信風水屋場堪輿之說。

中國自周朝之後，始有「堪輿」之說；求風水吉地的事，則到秦朝才有。漢朝始見有《堪輿金匱》書十四卷，晉朝的郭璞有《青囊中書》九卷。以後風水學逐漸盛行，有關「風水」學說的書，也越來越多。明朝朱元

璋的軍師劉伯溫擅於此道，著有《披肝露膽經》；清代的孫光焄著有《撼龍經》，梅實之著有《墳宅便覽》。清代以後，風水家楊筠松為人推崇，今客家地方的風水地理先生均尊楊為「楊公先師」，凡為建屋造墳「行地理」，都要先安「楊公先師」之神位。

傳統的風水觀

客家地方所謂地理風水，有陰宅陽宅之分，陰宅係指祖公地墳，陽宅指生人的屋場。人們以為，「財、丁、貴、壽」都是由陰宅陽宅的風水庇蔭而來，故做屋、葬地，一定要請地理先生來定方向，點「龍穴」。

因客家人對建房造墳特別重視，民間流傳有關「地理風水」的俗諺也很多。如：「不信風水看三煞，不信藥方看砒霜」，「無風水出人成鬼」，「山中少堆土，枉勞一世苦」，「羅盤（分金）差一線，富貴不相見」，「一福二命三風水」，「醫藥不明，僅殺一人；地理不明，殺人全家」，「風水人間不可無，全憑陰陽兩相扶」等等。

對於「屋場」問題，也有許多俗諺。如說：「清秀的地方，人多清秀；卑濕的地方，人多重濁；高亢的地

方，人多直率；散漫的地方，人多遊蕩；險仄的地方，人多殺傷；平陽的地方，人多忠信。」又說：「東方有流水名青龍，西方有大路名白虎，南方有污池名朱雀，北方有丘陵名玄武，這四樣齊備的地方，四神相應，就十分好。」

在《營造經》中說：「屋舍若是東低西高，富貴雄豪；前高後下，滅門絕戶；後高前下，多牛足馬。」故屋場要求平整，平整的叫做「梁土」，居住便吉祥；後高前低為「晉土」，居住也好；西高東低為「魯土」，居住會富貴，會有好子孫；前高後低為「楚土」，居住會凶；四面高中央低的名「衞土」，居住會先富後貧（前係南方，後係北方）。

對屋場，又說：「前高後低，東南高西北低，北方又有河水的，叫做『三絕』的地方，居住會極凶。中央過高，四方無山，地勢漸漸低的，居住之後時不時會有憂愁爭鬥，直至絕代。中央低，左右及背後有山圍緊的，居住會昌盛，但偶有火災。向南閉塞的，居住之人，心肝狹隘又吝嗇，多受人譏誚侮謾。」

對於安裝門窗也有講究：「門高於廳，後代絕人丁。門扇或斜敧，夫婦不相宜。」「東方開窗就吉利，願望

會得成就；南方開窗，大吉。東未申方開窗，會多疾病；又主婦女月經不調；西方開窗，女子會得禍，又主口舌散財。北方開窗，則主發眼病。」

對於陰宅（墳墓），也有許多說法。如僧泓語：「地下一丈二尺是土界，再入一丈二尺是水界，各界都有龍守緊，要鋤入二丈四尺深，才可做地墳。」《圍墓書》有云：「凡有憑靠山來葬地的，若使相連無斷絕，大小不整齊，官位就可以做到公卿。若使形狀像蛾眉月，在地墳上看得到日頭落山的，就可以封侯爵。左旗右鼓的山，必然會生武將。前幛後屏的墳墓，必然會出文臣。」俗語有云：「想求貴，就要憑貴砂；想求富，就要憑富砂。」（砂，指土質。）

今人的態度

客家人對於地理風水的傳統講究及其說法，大抵就是如此。千百年相傳下來，至今仍有許多人相信。然時至今天，科學文化已經有了很大的進步，人們對於「風水、地理、屋場」問題，亦重新進行考究，有新的認識。總的情況是「既不全盤相信，也不全盤否定」。綜而觀之，今天對風水學說，應該從科學的觀點去研究分

析，不能一概而論。比如，對於如何選定「屋場」，如何建築，其實都有關科學知識，不能苟且。古人因當時科學未發達，不能用科學道理來闡述「風水」的利弊，只好用神祕之說來解釋，不足為怪。

綜合古人對「屋場」選擇的要求，就是屋基地方要平整、高亢，坐北向南，屋後羣山相連不斷，門前左近水，右近大路，前有池塘，後有丘陵；屋中要求通風、採光條件好，門口不被堵塞；門窗安置要講究，注意通風、對流、避陽光西照等等。拿今天的眼光來看，都正符合現代民居建築的科學要求。故今人對古代祖先傳下來的「風水」學說，不宜輕易抹煞，以「封建迷信」一言以蔽之。

至於陰宅風水，客家人有句俗話：「死人當作生人看。」這句話，很能說明一些問題。因為客家人特重賢孝，對已故的先人也非常關心。「入土為安」是否「安」了呢？為了要真正讓先人能「安」，所以在造墳時就非常講究。盡孝心是主要的，至於保佑後代「榮華富貴，子孫滿堂」，只是一種「希望」罷了。

喬遷之俗

建了新居就要「喬遷」，客家俗話稱為「搬新屋」，也有許多規矩。

首先，要看新屋是否架造完畢。客家人建造新屋，要擇好「吉日」「夯牆」（即「奠基」）。「夯牆」前要先敬「三位先師」（即木匠魯班先師、堪輿楊筠松先師、泥水瘌公先師）。敬祀後安上「三先師」神位，然後才正式動工。在整個住宅造好後，主家要做兩件事：一是「上樑」，二是「安大門」，這是新屋建好的標誌。辦妥後，才可「喬遷」。喬遷前，要設宴請建築師傅，敬謝「三位先師」，「迎龍神入屋」（安龍），然後才正式「搬新屋」。

搬新屋前，要先砌爐灶，俗稱「打灶頭」，這是客家人很講究的一件事。「打灶頭」要先看「吉日」，對於灶頭方向，也很有考究。傳統認為：灶門向西，向戌亥方者，主散財；向南方者，主口舌、爭鬥；向北方者，主病災；向東方者，主有福祿。向辰巳方者，主家業昌盛，子孫吉祥。但是方向雖然「吉」，若灶門正對大門（即大門外能看見灶門者）就極凶。灶門對灶門，也不好，主家庭多口舌爭論。灶門向佛壇也凶，因為陽對

陰，像水滅火。灶門向井，就是水火相剋，主家中多奇
禍，出生破相之人，或主男女內亂。

　　持「信不信且不論，預防萬一」的態度，客家人
「打灶頭」時，對上述傳統說法，都儘可能選擇「最佳
方案」。

　　打好灶頭後即按吉日喬遷。這時最關緊要的，是須
嚴格按事先選定的時辰「進火」（即開爐灶）。

　　搬新屋時，主家要帶上「上」好軛的牛、會啼的公
雞、雞嫲帶子（母雞及小雞），以及五穀種子，一齊進
入新屋。進火時要用「三牲」祭祀天地及灶神，大放鞭
炮（有些人還要請覡公或和尚「出煞」驅邪）。

　　搬新屋一般都要請酒。除親朋外，主要請建築師傅
坐上席。席間要請長輩講吉利話，主、賓代表亦講話。
搬新屋的酒席，首道菜是染紅的「豆腐頭」（豆腐渣），
諧音為「頭富」「富頭」，以取兆意。後來因有髮菜，
也有用其為首碗菜的，諧音「發財」之意。

　　所請的親友，多賀送「堂紅」「中堂」、賀聯、鏡
畫、古玩、鞭炮之類禮物。主家回給親戚之物，亦多屬
染紅的菜餚及發粄等。

六 客家人的文化藝術

1 故事與歌謠

民間傳說、故事

客家地區的民間故事、傳說很豐富。梅州市於 1987 年進行普查統計，全市共蒐集到各種民間故事、傳說、寓言、笑話 5298 篇，若加上全國各客家地區的，恐怕至少也上萬篇。

梅州的民間故事、傳說以「人物傳說」「地方傳說」和「風俗傳說」為多，其他傳說較少；而「故事類」中，則以「生活故事」和「機智人物故事」居多，其次是「笑話」故事。

客家民間故事、傳說，有濃厚的客家地方特色，人物亦頗具地方特徵。客家人因為民族意識強烈，愛國思想濃重，具有漢家正統思想和崇文尚武精神，因而在「人物傳說」中，有許多都是有關帝王將相文人才子的

故事。如《朱元境的傳說》《皇帝食社粥》《村婦救皇帝》《聰明的甘羅》《羅隱的傳說》《諸葛亮的墓》《謝志良抗清》等等，都是有關帝王將相的故事。《神光映讀》（興寧羅孟郊探花故事）、《丁日昌的傳說》（丁是豐順人）、《曾榜眼的傳說》（曾是五華人）、《宋湘的傳說》（宋是解元、梅縣人）、《胡曦的傳說》（胡係興寧文人）、《李二何妻子毀容》（李係梅縣文人）等等，都是反映本地文人的故事。《張弼士的傳說》和《伍清三發跡》，是反映本地著名華僑先賢的故事，體現了「華僑之鄉」的特色。

「風俗傳說」故事，則反映了客家地方各種風俗的由來。如《除夕的傳說》《過年舞獅子的傳說》《送窮鬼的來由》《端午掛葛藤的來由》《八月初一起墳的來由》《做客「挾菜」的來歷》《太陽生日的傳說》和《泮坑公王保外鄉》的傳說等，都生動具體地把有關風俗的來歷說得一清二楚，使人感到可信、可親，因而這些風俗一直流行到今天。

至於「地方傳說」（多屬地名來歷的傳說）和「土特產傳說」，則均屬有關本地事物緣由，亦很有研究參考價值。

在「故事類」中，「生活故事」最多，也流行最廣。故事多以本地人物為主人公。從內容看，有兩種類型：藉故事教育規勸人的，如《萬事不求人》《子歸鳥的故事》《掘花邊的故事》《三斤九的故事》《范丹的故事》《酒後吐真言》《不貪財的人》《六十六，學不足》《目眉毛配好看》《賭博好不好，且看吳三保》等；二是反映文化之鄉、山歌之鄉的文人歌手事跡的，如《唱山歌選郎》《阿古嫂巧治雙尾蠍》《自古山歌松口出》《鬧公堂》《欖子樹下的故事》《「尖尾剪」的故事》《山歌一條榖一擔》《刁嫂子山歌調的由來》《山歌醒酒》《村姑巧對新狀元》《媳婦駁家翁》《清和橋鬥詩》《財主禁山歌》《山歌仙子張六滿》等。

其次是「機智人物故事」。最出名的是梅縣的《李文固故事》和興寧的《廖昆玉故事》。他們的故事，在梅州地方幾乎家喻戶曉，還流傳於江西、福建、廣西、四川和台灣等省區客家地區，並且傳到了海外各大洲客家華僑居住地。

「笑話」也頗具客家地方特色。像《落雨天留客》《新娘和轎伕》《「痾疤」縣長》《你妻打我妻》和《狗徑（碰）線，食唔掣（吃不贏）》等，至今仍傳講不絕。

多彩的歌謠

客家民間歌謠，按其形式可分為客家山歌、竹板歌、儀式歌、兒歌和謎語歌等五種。按其內容可分為勞動歌、時政歌、儀式歌、情歌、生活歌、歷史傳說歌、兒歌、雜歌及其他，共八大類。現將上述五種歌謠形式分別介紹如下：

客家山歌：是客家傳統文化的一部分，尤其以情歌最出名。它流行於全國客家人居住地區，又以廣東梅州之山歌為最著。「自古山歌從口出」，此「從口」諧梅縣之「松口」，是歌仙劉三妹老家，故梅縣又有「山歌之鄉」的美譽。

山歌，是由勞動者口頭創作、口頭唱誦的一種民歌。客家山歌，源遠流長，有獨特的風味。它隨客家先民由中州一帶遷來，上承《詩經》遺風，以「賦、比、興」為主要表現手法，常用「重章疊句」，尤以「雙關」見長。每首四句，每句七字。第一、二、四句句末押韻，多用平聲韻。通俗易懂，形象生動，押韻上口，可唱可誦，有濃厚的客家語言特色和客家地方特色，在中國民歌林中獨樹一幟。它主要流行於廣東、福建、江西、廣西、四川、湖南、台灣等各省區客家人聚居

香港荃灣「三棟屋博物館」主辦的客家山歌演唱會

地，也由客家華僑傳播到世界各大洲。

客家山歌，過去主要在山上唱，多是獨唱、對唱。20世紀50年代以來，中國大陸倡導山歌活動，山歌發展很快，由獨唱、對唱發展成演唱、表演唱、打擂台、山歌劇等多種形式；由山上唱發展到在大庭廣眾中唱，在舞台上唱，在電台和電視台上唱。1982年中秋節，梅城舉行了山歌大賽，評選出一批「山歌師」和「優秀山歌手」。此後，每年中秋節，便被定為梅州市的「山歌節」。每屆山歌節，都有眾多海外鄉親回鄉觀摩，梅州各地更是「萬人空巷聽山歌」，盛況空前。山歌唱腔曲調，經過多年蒐集整理，僅梅州市就有近百種，還有其他民間小調等曲調二百多首，都已編印成集。

客家山歌之所以受民眾歡迎，主要在於它的獨特藝術風格，在於它生動、形象的語言。試舉例如下：

> 入山看見藤纏樹，
>
> 出山看見樹纏藤；
>
> 樹死藤生纏到死，
>
> 藤死樹生死也纏。

此係以藤樹相纏比喻愛情，多麼形象，多麼感人！

　　　　　講哩愛連就愛連，

　　　　　兩人相好到百年；

　　　　　哪人九十七歲死，

　　　　　奈何橋下等三年！

此係直敍兼比喻的情歌，真摯深情。

　　　　　送郎送到五里亭，

　　　　　再送五里難捨情；

　　　　　再送五里情難捨，

　　　　　十分難捨哥人情！

此係回環疊字、強調情意的情歌，纏綿感人。

　　　　　唔怕死來唔怕生，

　　　　　唔怕別人研腳踭；

　　　　　研了腳踭有腳趾，

　　　　　兩人有命總愛行。

此係「賦」體情歌，「腳踭」，腳跟也；「行」者戀也。

多麼堅決，專一、痴情！

　　　　　生愛連來死愛連，

　　　　　生死都愛妹身邊；

　　　　骨頭捶碎磨成粉，

　　　　篩過一搓又團圓！

此係直敍情歌，愛情專一，生死不渝！

　　　　洋麵搓粄係嫩餃，

　　　　箭射飛鵝鐵精雕；

　　　　刀嫲生魯係鐵壞，

　　　　紙鷂斷線情難高。

此係「雙關」語山歌，以「餃」諧「嬌」；以「鐵」諧「忒」；以「鐵精雕」諧「忒精乜」；「刀嫲」，菜刀；「生魯」，生銹；以「鐵壞」諧「忒壞」；以「情難高」諧「情難交」也。

　　在客家傳統情歌中，使用「雙關」語句者，約有三分之一，其餘是「賦」「比」「興」和「重章疊句體」。由於藝術風格獨特，既形象又生動，易記易傳，所以令人喜聞樂聽。

　　竹板歌：又稱「五句板」「叫化歌」。因為唱時以四塊竹板敲打作「過門」，板式與山歌不同，故稱「竹板歌」；因其結構形式是每首五句，每句七字，故稱「五句板」；舊時，是賣唱的藝人，作為謀生手段，沿街沿

門，乞食度日時唱的，因而又稱「叫化歌」。20世紀50
年代以後，五句板作為客家民間文藝和「曲藝」形式，
經整理後進入「大雅之堂」，成為客家民間曲藝的特有
品種之一。

　　儀式歌：即在客家民俗禮儀中，使用的各種禮儀
歌。一般都較簡短、淺白，如選擇豬、狗、鷄、猫的
「歌訣」；請「菜籃姊」「伏桌神」等遊藝活動的「請神
歌」；在民間禮俗中使用的「出煞」「安門」「做墳」「砌
灶」「祝壽」等歌；還有「酒令歌」等等。

　　兒歌：客家兒歌非常豐富，它從多種角度，以多種
手法反映兒童們的心理、愛好。《遊戲歌》在遊戲中使
兒童得到智勇的鍛煉。《月光光》《月光華華》等既充滿
兒童們美好的幻想，又體現了兒童們天真無邪的生活情
趣。《嗟另子》《鴨嫲呱呱》等，無形中給予兒童以日常
生活知識的積累。《女呀女》《細妹子》等唱來天真爛
漫，卻隱藏着昔時貧困山村人民「莫奈何」「聽天由命」
的甜酸苦辣滋味。《蟾蜍羅》《山鷓鴣》等，則是客家
「文化之鄉」的民風在兒童心理上的反映。還有「繞口
令」也屬於兒歌的一類。

　　在眾多兒歌中，流行最廣的，要數《點指人堂》《羊

子咩咩》《排連子》《月光光》《月光華華》《火螢蟲》《鴉
鵲子》《菱角子》《七姑星》《排排坐》《禾畢子》《舐螺
子》《蟾蜍羅》等，在客家地區幾乎人人會唱。現試舉
例如下：

《排連子》：「排連子，子連排；排到南京過官錢。
三日三，九日九，走到陽山伸出手。」

《月光光》：「月光光，夜夜光。船來等，轎來扛；
一扛扛到河中心，蛤蟆蝍子拜觀音；觀音腳下一墩禾，
打到三擔過一籮；籮面上，一本書，送畀哥哥去讀書；
讀到兩條紅絲線，送畀嫂嫂上鞋面；上個鞋，面正的
的，送畀阿舅做生日。」

又《月光光》：「月光光，夜夜光。騎白馬，過蓮
塘。蓮塘背，種韭菜；韭菜花，結親家。親家門口一口
塘，放個鯉嫲八尺長。鯉嫲背上承燈盞，鯉嫲肚裏做學
堂；做個學堂四四方，兜張凳子寫文章；寫得文章馬又
走，趕得馬來天大光。」

《蟾蜍羅》：「蟾蜍羅，哥過哥。唔讀書，無老婆。」

這些兒歌，都是具有濃厚的客家風味的。客家人重
文教，愛讀書，所以從兒童開始，就受到「入學讀書」
求上進思想的熏陶。

　　謎語歌。就是謎語詞，客家地區的謎語詞，都用「山歌」形式編成。俗的很通俗，全用客家方言土語、雙關語；文的很文，既深且雅。都具客家風味，試舉例如下：

　　　　人人話𠊎兩公婆，

　　　　自從唔曾共凳坐；

　　　　你就嫌𠊎皮忒皺，

　　　　𠊎又嫌你鬚忒多。

　　—— 打兩種動物　　　　　　（謎底：蝦公、蛤蟆）

　　　　隔遠看去像礐鈎，

　　　　行前看到係窟鈎；

　　　　係窟鈎個窟鈎，

　　　　不是礐鈎個礐鈎。

　　—— 打一用具　　　　（謎底：挖蛤蟆的「窟鈎」）

　　　　小小祝英台，

　　　　眠等（着）等人來；

　　　　一手捏落去，

　　　　兩腳跨呀開。

　　—— 打一日常用物　　　　　　（謎底：竹筷子）

想當初，綠葉婆娑；

自入郎手，青少黃多；

受盡幾多磨折，歷盡幾冬風波；

莫提起，一提起淚灑江河！

—— 打一用具　　　　　　　　（謎底：船篙竹）

　　客家歌謠，從形式上看，大體有上述五大類。每種形式，都有其特殊的要求，也有其特殊的作用，是不能相混的。

2　遊藝娛樂

　　遊藝，通常指利用各種器具進行的遊戲活動，也包括猜謎語等其他智力遊戲活動。各地客家民間遊藝活動，形式多樣，內容豐富，世代相傳，至今不衰。以梅州客家而言，遊藝活動大體可分為五大類：一是「民間博戲」；二是「民間遊戲」；三是「節日遊戲」；四是「民間歌舞」；五是「民間音樂曲藝」。

民間博戲

如「抓番攤」「打六符」「打麻將」「擲骰子」「打紙牌」「打牌九」「打撲克」，等等。本來這些都是遊藝活動，但因有贏輸，又適於室內活動，後來便被人當作賭博手段，以錢財往來。迷賭者，往往弄得傾家蕩產，害人不淺。客家地方有句俗話：「賭博好唔（不）好，問過吳三保；親手造條萬勝街，親手賣到了（了，是客家話光、完的意思）！」這俗話說的是一個真人真事：清代興寧縣有個吳三保，嗜賭成性，也曾贏了很多錢，在興寧縣城獨資建造了一條萬勝街；但因賭性不改，結果又把萬勝街店宇全部賣光了，依舊變成窮光蛋。有首客家山歌也這樣唱道：「一心賭博望春光，唔知緊賭緊郎當；一心都想賺人個（的），盲（誰、不）知了（完、光）到賴底光（精光）！」這也生動地道出了賭博的害處。

民間遊戲

形式最多樣，有適合各種年齡的人的項目。其中適合兒童、少年玩的最多，如劈水碗、摔腰跤、打尺子、打麻帝、滾錢子、摸人子、滾鐵環、跳索子、片石子、

鬥鰌鮍等。有適合成年人玩的，如耍把戲、打功夫，等等。

節日遊戲

最普遍的是舞龍：有單龍、雙龍，有青龍、黑龍、金龍，還有舞火龍（豐順縣埔寨鎮舞火龍聞名中外）。舞獅，也是多種多樣：有單獅、雙獅、五鬼弄金獅、貓頭獅、蓆獅；還有舞麒麟，舞獬豸，舞虎的。大埔縣則以舞鯉魚燈聞名粵東。此外較為普遍的活動還有燒煙架、放火箭、放浪子、放孔明燈、擎燈、賽燈、放河燈、賽龍舟、迎神、打醮等。

舞火龍

民間歌舞

民歌民謠活動，形式多樣，多在賽歌會進行。除精彩的「鬥歌」引人入勝外，還有幾種形式是非常吸引聽眾的。一是「逞歌」，兩人為一對，所唱內容，都是各逞本事的；二是「虛玄歌」（俗稱「調虛玄」），歌詞所唱事物，都是虛乎玄妙的，聽了令人捧腹；三是「拉翻歌」（亦稱「古怪歌」「顛倒歌」，所唱都是顛倒事，也能令人笑破肚皮）；四是「猜謎歌」（又稱「猜調」），有專門適宜於「猜歌」的「清調曲」，別有風味。其他，如「拆字歌」「數字歌」「地名歌」「藥名歌」和「三國人物歌」，都各具特色。在「山歌之鄉」梅州，各地都有許多優秀歌手和歌迷，他們除節日進行賽歌活動外，平時也有較零星的活動。

民間音樂曲藝

民間音樂活動，除節日較多外，平時也有。如梅縣、大埔一帶，城鄉亦組織有業餘的「國樂社」或「漢樂社」，或稱「八音班」。常常十幾二十個人湊在一起，利用晚間進行演奏、演唱活動。有些華僑、港澳台胞回鄉探親祭祖或做好事請酒，也往往請他們去演奏演唱。

要漢曲有漢曲，要小調有小調，非常熱鬧。

　　至於曲藝，平時只有唱竹板歌傳本的藝人出門演唱，可以提前預約，給予一定的酬金（紅包）。

附錄歌詞：

　　1、逞歌（甲乙對唱）

　　　　隔遠聽到山歌聲，

　　　　恰似雲中響雕鈴。

　　　　畫眉來尋鸚鵡聊，

　　　　看看曼（誰）人聲過靚。

　　　　看看曼人聲過靚，

　　　　黃麻唔（不）好同苧梆（拉），

　　　　苧子一年割四道（次），

　　　　黃麻一割就斷青。

　　　　黃麻一割就斷青，

　　　　鴨嘴無偓（我）雞嘴尖，

　　　　石縫肚裏（裏面）啄得到，

　　　　還曉夜夜啼五更。

還曉夜夜啼五更，

鴨子你也莫看輕，

又會下水喘蝦蟹，

大河小河都敢行。

大河小河都敢行，

𠊎個鸕鷀比鴨贏，

鴨仔單會游淺水，

唔敢同𠊎鑽石岩。

唔敢同𠊎鑽石岩，

水獺比你鸕鷀贏，

鸕鷀只會水中鑽，

唔敢同𠊎上高嶺。

唔敢同𠊎上高嶺，

你個（的）水獺無過贏，

遇到𠊎個大狗牯，

一追追過兩三坑。

一追追過兩三坑，

你個狗牯無過贏，

遇到山上大老虎，

嚇到你會命都冷。

嚇到你會命都冷，

偃就專向虎山行，

阿哥係個打獵客，

打死老虎來熬羹。

打死老虎來熬羹，

齊儕（兩人）無輸又無贏，

半斤來同八兩比，

比來比去無先平。

「逗歌」，此是一例。它可以用各種事物來比逗。總之要講自己強，說對方比自己差。《誇老公》《誇老婆》形式，就是從「逗歌」中化出來的，但只各誇自己老公（老婆），不說對方差。

2、虛玄歌（甲乙對唱）

兄弟姊妹眾親朋，

大家聽偃唱虛玄，

虛玄就係講大話，

大話唔怕講上天，

聽了福壽兩雙全。

聽了福壽兩雙全，

𠊎個虛玄十分玄，

神光山上打咳唾（噴嚏），

口水噴到大龍田，

大段禾苗浸呀（到）綿（腐爛）。

大段禾苗浸呀綿，

𠊎個虛玄又過玄，

桅杆頂上做隻屋，

圍龍圍哩十八層，

九代同堂八萬丁。

九代同堂八萬丁，

𠊎個虛玄又過玄，

豆腐拿來做砧板，

當當啄啄剁肉丸，

至今都還無刀痕。

至今都還無刀痕，

　　偃個虛玄過新鮮，

　　昨日買條乳豬崽，

　　一夜大到風車般（如風車大），

　　又畀鷂婆吊上天。

　　又畀鷂婆吊上天，

　　捉隻蚊子十分狠，

　　蚊翼大過大門板，

　　蚊腳拗到做犁轅，

　　狗虱拖過三坵田。

　　狗虱拖過三坵田，

　　食隻黃豆去上天，

　　吳剛棒出桂花酒，

　　牽手牽腳喊同年，

　　邀偃去聊蟠桃園。

　　邀偃去聊蟠桃園，

　　虛玄緊唱緊新鮮，

　　阿婆行嫁偃扛轎，

　　阿爸娶妻偃出錢，

　　攬等（着）阿公去上燈。

攬等阿公去上燈，

還有虛玄過新鮮，

人家出門坐車去，

𠊎騎貓公下河源，

一杯燒酒轉興寧。

　

一杯燒酒轉興寧，

虛玄歌子萬萬千，

娘胎肚裏就曉唱，

至今唱哩幾十年，

到老都還唱唔完！

三、猜問歌（一問一答）

乜個（什麼，音「脈個」）圓圓在半天？

乜個圓圓水中間？

乜個圓圓街上賣？

乜個圓圓妹面前？

　

月光圓圓在半天。

荷葉圓圓水中間。

月餅圓圓街上賣。

鏡子圓圓妹面前。

乜個落田咕呷聲？
乜個落田無腳蹄？
乜個落田溜溜走？
乜個落田無草生？

犁耙落田咕呷聲。
鐵插落田無腳蹄。
秧盆落田溜溜走。
轆軸落田無草生。

乜個上山尾拖拖？
乜個上山着綾羅？
乜個上山溜溜走？
乜個上山會唱歌？

狐狸上山尾拖拖。
鷓鴣上山着綾羅。
南蛇上山溜溜走。
畫眉上山會唱歌。

四、「拉翻歌」

拉翻歌來拉翻歌，

拉翻兜凳拉翻坐。

古井肚裏卸鳥藪（鳥窩），

竹頭尾上捉滑哥（塘虱）。

拉翻歌來拉翻歌，

養哩老弟養阿哥。

阿姆行嫁偓扛轎，

看等姐公（外公）娶姐婆（外婆）。

拉翻歌來拉翻歌，

趕羊下水喘田螺，

趕鴨上樹食嫩葉，

掌等（看着）狗牯盡食禾。

拉翻歌來拉翻歌，

啞子開口唱山歌，

摸子（盲人）專好看電影，

聾子聽到新聞多。

3 戲劇、曲藝、音樂、舞蹈

民間戲劇

客家民間戲劇，有漢劇、山歌劇、採茶戲、花鼓戲、花朝戲、彩調和提線木偶戲等。各具特色，受人歡迎。主要流行於廣東的梅州、惠州、汕頭，以及福建、江西、廣西、湖南等客家聚居地。

1. 漢劇。因與湖北漢劇有別，故稱廣東漢劇，是廣東四大劇種之一，被譽稱為「南國牡丹」。舊稱「外江戲」「外江班」。因原來的唱白均用「外江話」（此種「外江話」，考其音韻，屬古中州語音韻，今天聽起來，就似普通話與客家話的混雜語）。1933 年由大埔縣晚清秀才錢熱儲等人提議將「外江戲」改名為「漢劇」，20 世紀 50 年代初，為區別於湖北漢劇，才冠以「廣東」二字。廣東漢劇流行於廣東的梅州、汕頭、惠州和閩粵贛三省邊區各地。在新加坡也有漢劇、漢樂班。

關於廣東漢劇的淵源，一說源於徽班，一說源於湖北漢劇。在清代雍正、乾隆年間傳入廣州，再經粵東後形成，迄今已有近三百年的歷史。

廣東漢劇表演

　　廣東漢劇的唱腔以皮（北路）黃（南路）板腔體為
主（故舊時也有稱漢劇為「南北路」），分為二黃、西
皮、大板和曲牌雜調四類，兼收崑曲、小調、羅羅腔、
吹牌、佛曲等，並保存很多古老的曲調。唱腔古雅、悠
揚圓潤、高昂悲壯，有「音調之高，為任何戲劇冠，因
此精者百中難得一二」之評。

　　角色行當分為生（小生）、旦（又分正旦、青衣、
花旦、武旦）、丑、公（又分白鬚、烏鬚、摻白老生）、
婆（老旦）、烏淨、紅淨七行。各行當唱腔均有較明
顯的特點，其中小生（男聲假嗓，清脆明亮，文雅瀟

灑，奔放飄逸）、紅淨（男聲真假嗓結合，以鼻腔共鳴為主，低音稍顯原喉，音域寬廣，剛健豪爽，悠揚典雅）、烏淨（男聲假嗓帶咋音，高音出口如雷，粗獷奔放；低則以鼻音、腦後音共鳴為主）的唱腔更有獨特風格。

伴奏樂器，文樂（管弦樂）以頭弦（又稱「吊圭子」）為領奏樂器，武樂（打擊樂）有大蘇鑼（又稱大銅鑼）、號頭，均是廣東漢劇別具特色的伴奏樂器。只要「吊圭」一拉，銅鑼一響，就知道是廣東漢劇。

表演程式與京劇、湘劇、祁劇、湖北漢劇等劇種大同小異，但有自己的風格和特點。

廣東漢劇有 870 多個傳統劇目（有完整劇本的劇目有 328 個），題材廣泛，有各朝代歷史故事、民間傳說、演義、傳奇、神話和元明雜劇。內容較好，藝術性較高的優秀傳統劇目有《百里奚認妻》《齊王求將》《林昭德》《紅書寶劍》《打洞結拜》《狀元媒》《鬧嚴府》《王大儒供狀》等。在眾多的傳統節目中，有「長聯戲」，有「折子戲」。舊時演「長聯戲」，往往是「下午連夜」，甚至演個通宵達旦。在梅縣、大埔一帶，戲迷最多，他們說：「你敢做𠊎敢看，唔怕看到天大光！」有的連

看幾日幾夜，睏了打個盹，餓了買些點心吃或吃自帶的
乾糧。近 40 年來，廣東漢劇得到政府的重視，組織專
門人員進行調查研究，對劇目、唱腔，都進行了整理和
改革。一本「長聯戲」，一般控制在二至三小時內，不
再演「天光戲」了，演員和觀眾都沒那麼辛苦了。由於
政府重視，觀眾支持，廣東漢劇得到較快的發展和提
高。1957 年，廣東漢劇團赴北京演出傳統節目《百里奚
認妻》等，得到讚揚。20 世紀 60 年代，廣東漢劇院的
《齊王求將》《一袋麥種》先後拍成電影。1980 年代，
廣東漢劇院的《花燈案》《丘逢甲》分別榮獲廣東省魯
迅文藝獎和廣東省首屆藝術節優秀獎。創作劇目《包公
與妞妞》榮獲廣東省第二屆藝術節創作、導演、演出一
等獎。《花燈案》《包公與妞妞》拍成電視劇。一些優秀
劇目被錄製成錄音帶、錄像帶向國內外公開發行。廣東
漢劇院還先後應邀前往香港、新加坡等地演出，受到海
外僑胞和港澳同胞的熱烈歡迎。

　　2. 山歌劇。是 1949 年後在客家山歌的基礎上發展
起來的新劇種，開始稱「客家戲」，因客家地區的「戲」
不止「山歌劇」，所以後來乾脆叫「山歌劇」。它的發
源地在「山歌之鄉」的梅州市，主要流行於廣東的梅

州、汕頭、惠州、河源以及閩西汀州、湖南新田縣等客家方言區。

山歌劇由山歌逐步發展為「山歌表演唱」「山歌小演唱」，於 20 世紀 50 年代末形成為「山歌劇」。1960年代初由原汕頭專區在興寧縣舉行的「山歌劇」匯演，是山歌劇的發展走向高潮，並趨向於成熟的標誌。至此，客家「山歌劇」基本定型，並為大眾所公認。

山歌劇的道白與唱詞均用客家方言，唱腔主要是各種原板客家山歌和客家民間小調，佛曲和吟誦調，以及從木偶戲移用過來的「猜調」等，旋律優美，抒情敍事兼長。樂器伴奏以二胡、竹笛（蕭）、琵琶、三弦、洋琴、板胡等民族樂器為主，適當吸收提琴、木管、銅管等西洋樂器。打擊樂以客家鑼鼓為基礎，兼收京劇和漢劇打擊樂的長處，以增強音樂表現力。

山歌劇在表演上沒有固定程式，比較生活化，吸收一些戲曲身段或民間舞蹈動作，擅長表現各種現代題材，較有生活氣息和時代感，深為客家人所喜愛。印尼華僑、華裔曾組織劇社排演梅縣山歌劇《挽水西流》和《張二梅看郎》，新加坡電台也曾播放上述二劇的錄音。《彩虹》一劇，曾到北京演出，得到知名人士的稱讚。

　　由於山歌劇沒有固定的表演程式，因此，一直圍繞着「山歌劇應如何發展」這一問題進行着長期的爭論。有的人認為應走戲曲「板腔化」之路，有的人認為應走「新歌劇化」的路，但多數人認為「山歌劇就應姓山」，應有自己獨特風格，否則就不成其為山歌劇了。見仁見智，終未統一。近年來，山歌劇界人士正在努力實踐、探索。梅州市創作的《相思豆》《虹橋風流案》曾榮獲廣東省地方題材劇本創作二等獎，《漂流的新娘花》連獲五次獎勵，《虹橋情》更被拍成第一部山歌電視劇。

　　3. **採茶戲**。這是在民間「扭採茶」的「三腳班」（生、旦、丑）基礎上發展而成的曲劇。清代乾隆、嘉慶年間，由贛南傳入粵東五華，至今已有兩百多年的歷史。原是民間賣唱藝人「扭採茶」（又叫「打採茶」）時以唱帶舞的一種表演形式，後來發展成「戲」。流行於江西、湖北、湖南、安徽、福建、廣東、廣西等省區（演採茶戲者多為客家人），以江西最為流行，支派也多，有撫州採茶戲、南昌採茶戲、贛南採茶戲、武寧採茶戲等。流行於贛南、粵東、閩西等客家地區的是「贛南採茶戲」，又稱「南路採茶戲」，用客家方言演唱。

採茶戲表演

舊採茶戲多以喜劇、鬧劇為主，多是「打鬧」「湊趣」「嬉樂」之「戲」，風格輕鬆活潑，故梅州一帶客家人有句俗話：「嬌嬌孃孃，好去上江西扭採茶」。1949 年後才逐步改革真正成為「採茶戲」，作為地方戲的一個劇種，在表演上比較注意用傳統程式來刻畫人物性格。音樂唱腔採用聯曲體，以採茶腔為主，包括《九龍山摘茶》《馬燈》《大塘花鼓》等曲牌。唱腔優美抒情，輕鬆活潑，樸實流暢。表演形式載歌載舞，清新明快，富於田園風味和濃郁的地方特色。最主要的特色是輕鬆活潑，故客家人常說：「一聽扭採茶，腳下雲都起」，意

為會不自覺地起舞。近年，梅州五華採茶劇團創作演出
的《竹山路彎彎》在廣東省藝術節調演中獲劇本一等
獎，演出三等獎，並拍成電視劇。

4. 提線木偶戲。俗稱「吊線戲」「柴頭戲」「傀儡
戲」，廣泛流傳於粵東梅州及閩西南、贛南一帶。明代
萬曆年間，由閩南漳州等地傳入廣東的潮梅地區，已有
四百多年歷史。

提線木偶戲，用木頭雕畫成各種人物的頭面、手、
腳，以竹框為身，用布衣服聯成「人形」（木偶），各
部用線串起釘定在操作「把手」上，操作演員以手提
線，使木偶（人物）進行各種表演動作，故曰「提線木
偶」。技術高超者，能使木偶人物活動得栩栩如生，惟
妙惟肖。

提線木偶的線又分軟線、硬線兩種。一般木偶人
有十幾條線，多的達二三十條，表演難度較大。廣東梅
州地區的木偶精細，角色與漢劇一樣，有生、旦、丑、
公、婆、淨等六大行當。音樂唱腔除漢曲外，還吸收客
家民間小調、客家山歌、現代歌曲等。曲調板式多樣，
唸白全用客家話。梅縣已故著名木偶藝術家謝阿發獨
到的「傀儡腔」，用客家方言演唱，別有風味，至今流

傳。木偶戲劇目豐富，傳統劇目有《化子進城》《火焰山》《三打白骨精》等。目前，正着手振興提線木偶戲，對一些傳統劇目加以改革充實、提高。在器樂上，採取以民族樂器為主，輔以電子琴等西洋樂器。燈光佈景，運用多層次的立體景，取代平面景。表演則以提線為主，吸收杖頭、布袋、皮影及雜耍等各家之長，加以糅合融化，從而創造出新的表演藝術技巧。

　　以上是在客家地區流行的主要民間戲劇。此外，在一些客家地區還有「花朝戲」「花鼓戲」「彩調」等地方小戲。「花朝戲」主要在廣東紫金縣流行；「花鼓戲」原主要流行於安徽、湖南，後流入廣東、廣西一些地方。這些地方小戲類似「採茶戲」，都是在原來的民間歌舞藝術的基礎上發展起來的。「彩調劇」流行廣西，似客家山歌劇，也是民歌發展而成的，壯、漢民族，包括客家人都喜愛。電影《劉三姐》的藍本，就是在大型彩調劇的基礎上加工改編而成的。

曲藝

　　梅州地區傳統曲藝不多，只有幾種形式。最主要的是「竹板歌」（即五句板），還有「客家方言快板」「順

口溜」「三句半」。新發展的形式有「山歌、五句板說唱」「表演唱」「山歌相聲」等。

「竹板歌」，又稱「五句板」「叫化歌」。它以七言五句為一節的歌詞，組成長篇敍事唱本（俗稱「傳本」），配以四塊竹板敲打作過門，唱詞中可由藝人根據情況而插白、夾白，構成一種「說唱體」曲藝形式。唱本歌詞，全由客家方言編成，說唱時亦用客家方言。每唱一節後，則以竹板敲打作過門。竹板俗稱「夾色」，有一定打法、節奏，要符合唱腔節拍，要協調音色，故稱「夾色」。演唱者先打「夾色」，然後唱說。故唱本開頭，往往都說「夾色一打就開腔」，或「夾色一打鬧洋洋，五句歌本來開場……」

「竹板歌」（五句板），由於板式唱法悠然，吐字清晰，適宜於演唱長篇傳本（又稱唱本、歌本），又用方言演唱、解說，因此，在客家地區非常流行，羣眾喜聞樂聽。過去多是瞎子賣唱藝人遊村賣唱，現在則多是有文化的普通民間藝人操其業。說唱藝人，多是一人或兩人行動，巡迴各鄉村，深受歡迎。每晚唱一本或兩本，眾人湊錢給說唱藝人報酬，皆大歡喜。

在客家地區流行的傳本很多，據梅州文化部門統計

共有兩百多部。流行最廣的傳統傳本有《梁山伯與祝英台》《梁四珍與趙玉粦》《白蛇傳》《秦香蓮》《高文舉》《牛郎織女》《喬太守亂點鴛鴦》《賣油郎獨佔花魁》《西廂記》《莊子搧墳》《七屍八命》《三笑姻緣》等等。除長篇傳本外，還有五句板說唱、表演唱，改革開放後，好些傳本，不但在民間演唱，還錄音錄像在電台電視台廣播，許多錄音錄像帶還在海內外公開發行。

「客家方言快板」也屬客家曲藝的一種傳統形式，擅於敍事，可長可短，多押仄聲韻，多用長短句。以「唸」為主，中間也可「夾白」。以簡單的打擊樂器「打節拍」，節奏分明，吐字清楚。輕重緩急，抑揚頓挫，都要根據「故事情節」而定，靠說唱者靈活掌握。因其形式簡單，吐字清楚，活動方便，很受廣大羣眾歡迎。20 世紀 50 年代曾憲眉作的《何阿福》和 60 年代鍾志誠作的《麥賢得》快板，都給人留下較深刻的印象。

「順口溜」，類似快板，形式似北方的「數來寶」。特點是隨時「轉韻」，變化多端，可長可短，可以敍事。可以一人唸說，也可多人合說。最好用「打擊樂」打節拍配合，聽起來節奏分明。

「三句半」，顧名思義，每段詞是「三句半」組成，

亦全用方言。可以一人唸誦，當作快板式演出，也可四人為一表演組，前二人每人輪唸一句，第四人唸半句。完後「圓場」，各打手中鑼鼓「噹掂」等樂器，其節奏為「咚咚 —— 噹，咚咚 —— 噹！」也很風趣、活躍。「三句半」在客家地區源遠流長，影響甚廣。過去當作「謠歌」，多用來諷刺壞人壞事。如，晚清同治三年，太平天國康王汪海洋在嘉應州戰死，四門出殯，不知葬於何處。後來有傳說：「康王死後，葬於州衙內，用金打棺村銀打蓋，金磚墊腳。」當時的州官周士俊聽信謠傳，與人合伙「改（挖）康王」，在州衙門挖地三尺，一無所獲。是年嘉應士子科考落榜，大家都怨周士俊挖康王，傷了龍脈，弄得民怨沸騰。於是有人出「三句半」謠歌諷罵他：

　　　州官周士俊，做事真蠢笨；
　　　妄想改康王，——「混棍」！

　　謠歌一共好幾首，這一首便流傳至今，已有150多年。

　　以上是客家傳統的曲藝形式，至今仍然廣泛流傳。

民間歌舞

客家民間音樂較為豐富，特別是歌曲。1981 年僅廣東梅州市八縣區，就收集了各種民歌共 239 首，其中山歌唱腔曲 115 首，小調 22 首，民間舞曲 17 首，其他歌謠曲 18 首，還有佛曲 56 首，道教歌曲 11 首。

這些民間歌曲，都是客家羣眾所喜聞樂聽的，山歌唱腔曲調是各地歌手傳統的唱腔。如著名的梅縣松口山歌、松口四句八節、梅城直頭簡，蕉嶺長潭歌、新鋪山歌，興寧的羅崗山歌、石馬山歌、水口山歌，平遠的大柘山歌、上岃山歌，五華的長布山歌、華城山歌、水寨山歌，豐順的豐良山歌、湯坑山歌，大埔的湖寮山歌、茶陽山歌等。

民間舞歌，是民間舞蹈歌曲。如平遠的船燈舞歌，興寧羅浮馬燈舞歌，五華竹馬舞歌等。

客家民間小調也較豐富，且多是流傳廣泛，羣眾較熟悉的傳統小調，如拆字歌、挪翻歌、蚊蟲歌、種黃瓜、賣酒、瓜子仁、賣雜貨、鬧五更、補缸調、擔水歌等。

其他歌謠也很豐富，如長工歌、五更歎、織苴歌、龍船歌、剞鷄調、勸世歌等，都是在羣眾中較為流行的。

　　佛曲和道教歌曲，則屬廟堂音樂。如佛曲中的「沐浴」「三神救苦」「拜懺」「把酒」「接佛」「關燈」「蓮池」等，都是和尚做佛事時唱的。道教歌曲，則是覡公在「安龍」「出煞」時唱的歌曲，如「迎神」「上表」「扇花」「梳妝」「落馬」「召將」「辦軍糧」等。

　　客家民間舞蹈則較少。以梅州來看，過去只見過「舞龍」「舞獅」。近幾十年來，經過挖掘整理，增加了「船燈舞」「馬燈舞」「竹馬舞」「杯花舞」「刀鈴舞」「鯉魚燈舞」「蓆獅舞」「織女穿花」「月光花」等。在其他客家地區，還有一些民間舞蹈，如贛南的「採茶舞」，閩西的「碗花女」「客妹情思」，粵北的「舞春牛」等。

附錄

《客家與近代中國》

羅香林

民族民系的演進與人們生命的發展，可以說一部分相殊，一部分相似。相殊的如誕生、如傳代，相似的如發育、如滋長。任何民族民系和人們，自誕生以至衰老，均可析為嬰年、童年、少年、壯年、中年、老年、衰年七個時期，以究其滋長演進的程序。各時期本體，雖說均以唯生機能和環境勢力為策引一切活動的要件，然其間所常表現的諸種特徵則各期不同，不相淆混。嬰年、童年二期，其唯生機能似表現於體質內充者較多，表現於行為外擴者較少，其後各期則不如此。大抵少年期活動其特徵為嘗試、為急進，壯年期為開創、為進取，中年期為繼創、為賞鑒，老年期為繼賞、為保守，衰年期為繼守、為依戀。人們一生其活動程序與特徵大概如此，民族或民系其各階段活動程序與特徵亦似如此。

　　客家是五代後新興的民系，自趙宋至元為嬰年時期，自朱明到清初為童年時期，自嘉道至現在為少年初

期。嬰年、童年的活動本在充實質體，非所語於進取與開創，故自趙宋至清初，客家民系並沒偉烈有力的團體活動所可述的，惟居地的經營、系裔的繁殖而已。嘉道以後世局日變，而客家民系適屆發育漸充的時期，年少氣盛，情濃血熱，有動乎中不能自止，於是而洪秀全、楊秀清等便以其最好嘗試的特質奮起革命，太平建國即無異為客家舉行了冠禮，自是奔波起跌屈伸往來，無日不與人海波瀾相激蕩。而世人亦漸漸知道，他原來是一位嶄新的少年，「後生可畏」，小看不得，客家與近代中國一題，確係十分重要。茲分五節來說：

一、太平天國的革命和影響

太平天國雖說僅有十餘年歷史，然其冶合狹義的民族主義與西來基督教義以為革命口號及手段，實開中國宿未曾有的奇局。而其革命經過、建國設施、內部訌鬥，又皆屬錯綜紛繁、不易爬梳的惡賬，欲為治理，自非另寫專書不克相副。茲篇意在表明它和近代中國的一般關係，非即天國通史或專史可比，故所述僅及他們革

命緣起及失敗後所留影響而已，其他各事未暇兼及，這是無可如何的。

太平天國革命的由來，約而言之可有五因：

其一為官吏的貪污，人民的憤恨。愛新覺羅氏入主中國，本非一般國民所悅服事，徒以兵力不足，不克抗敵，故只好暫為隱忍，靜待時會。而清初幾位君主又皆略能修明政治，崇文右武，故民族革命尚不至一觸即發。其後到了乾隆中葉，君主得志而驕，漸習奢慢，滿洲官吏挾其貴族淫威凌辱平民，漢籍諂臣相助為虐，丁差胥吏乘機掠奪，尤以離京較遠的省府州縣為甚，四民不堪其苦，咸以大小官吏及朝廷為仇敵，故一遇機會，便揭竿而起，「以白布作大旗，上書官逼民變或天厭滿清」等口號[1]。伶俐（A. F. Lindley）《太平天國革命史》（*The History of Ti-Ping Revolution*）第一章云：

> 余遊歷汕頭、廈門、福州、上海各處 …… 彼人民痛心疾首於虐政之下，身受其祖若父二百年來所受之痛苦，官吏恣睢，徵斂苛刻。形骸則垂尾之

1　見稻葉君山《清朝全史》第六十二章《太平軍之大起》。

奴隸，精神則委靡不振之病夫，其生命財產幾視酷
吏之喜怒為有無。夫懦弱而恃欺詐、迫壓而為暴
戾，人之情也，於支那人曷怪焉？[1]

「客家人比城裏人勇敢，富有特立獨行的氣概，渴愛自
由」[2]，遇着這樣貪污的朝廷和官吏，又當着血氣方剛的
時代，怪不得要出來幹革命工作了。

其二為會黨的盛行和復明思想的普遍。朱明失敗
後，忠明義士迫於大勢，計無所施，不得已乃以所抱
復明思想灌注下層社會，使組織天地會等團體，結集
實力，俟機大舉。[3]清初，會黨勢力頗為澎漲，然窒於時
機，且無統一領袖，故旋起旋滅，終以寂然。[4]嘉慶後，
以滿州官吏貪污日甚，黨人知清廷已失統治能力，乃復

....

1 伶俐（A. F. Lindley），英軍人，嘗任太平天國名譽參謀。歸英
  後，不忘太平舊事，特著 History of The Ti - Ping Revolution
  一 書，1866 年 於 倫 敦 出 版（Day and Son［Limited］
  Lithographers and Publishers, London, 1866），民四，孟憲
  承譯為中文，商務印書館出版，此篇所引據孟氏譯文。

2 見潘譯《自然淘汰與中華民族性》頁五一。

3 見陶成章《教會源流考》（中山大學文史研究所史料叢刊
  之一）。

4 同上。

四出活動，以是而復明口號、暴動行為，便囂然莫可遏
禦。客人富民族思想，其子弟之出而參加天地會等反清
團體的，至是亦日益眾多。洪、楊等受時代及環境高度
影響，故能奮起草茅，毅然以革命大業自任。凌善清
《太平天國野史》卷一《天王本紀》云：

> 　　洪秀全，廣東花縣人……嗜史學，於古帝王
> 之成敗興亡，論斷歷歷不爽……睹清政之溷亂，
> 官吏之貪殘，民生之困瘁，遂隱蓄革命之志。時朱
> 九疇倡上帝會，誓以恢復明室為志，秀全與同邑馮
> 雲山往師之……

這可知太平天國革命與會黨「反清復明」一口號的關
係了。

　　其三為西洋宗教自由平等思想的輸入。客家居地
雖大部分為山嶺盤結不易接收外來文化的山地，然此實
指純客住地而言，至於非純客住縣，如番禺、花縣、
赤溪等地，固亦接近海洋。此等地域以交通較優關係，
於海洋思想尚易接受。而基督教自由平等思想及口號，
又為困處君主淫威、官僚惡毒下的人們精神上所最渴望
的飲料。故洪、楊一起，便以上帝意旨相號召，而一般

農民亦肯信賴相隨，民族革命得與宗教運動相混合，這不能不說是時代的轉移。日人稻葉君山《清朝全史》第六十二章《太平軍之大起》云：

> 洪秀全……彼族實由嘉應州移來之客民也。頗信基督教，其後得香港美國宣教師羅把茲（Isachar Roberts）之教訓，然尚未受洗禮。未幾，彼忽組織上帝會，其黨與為馮雲山與洪仁……[1]

又伶俐《太平天國革命史》第二章云：

> 秀全在村塾，日勸其徒崇信新教，事聞於鄰里，父老大譁，斥為邪說，秀全解館去……
>
> 秀全是時作宣教文、讚美詩等甚夥，後均刊入《太平聖諭》中。其傳教時漸有革命思想，嘗語洪仁玕云：「使上帝助我再造漢業，當使世界萬國各守疆土，以真理和平相交接，不相侵奪……」

這可知洪楊革命和基督教的關係了。

其四為科舉積弊和文士憤恨。科舉制度雖本身沒

---

1 此譯文據上海中華書局所出版但燾譯本。

什麼毛病，然其運用方法及考選標準，實當依時改進，方不致辜負真材，為成法所束。清代科舉法式大抵沿襲明制，應試文章有一定程序，範圍狹隘，限制綦嚴，絕不足表現學術思想。故具真才實學的士子，每每惡其形式，不肯模擬，其能中式諸聞人，往往反有多少中材以下的腳色。因此致一般懷才文士，憤恨不平。嘉道後，清廷復明詔許人民捐納出身，因此而各級科名益為志士不齒。伶俐《太平天國革命史》第四章嘗引塔朗脫氏1861年論文，謂：

> 政府曰：來，張三李四，中舉人中進士！奉獻爾金錢，吾與爾官爵！舉人進士一得官，則剝削聚斂。金多矣，再求升官，官升矣，再事剝削。官無大小，皆以是為生活……

此語雖嫌過火，然謂當日科名官爵捐納的盛行，實是一種事實。客家為山居民系，遠出應考，間已不便，要捐個像樣功名，又往往為資力所限，由鄙視嫉惡而生憤恨，由憤恨而反對不良政府，或轉入其他途徑，那是很自然的趨勢。伶俐《太平天國革命史》第二章引維多利亞主教說云：

秀全因不滿意於場屋，憤恨不平，已有蔑視孔子教義之心，故基督教之言易入也。

觀此，可知太平天國的革命與科舉積弊的關係了。

其五為農民的困苦與革命的要求，這是太平天國革命一個重要原因。「滿清官吏已橫徵暴斂，剝削四民，而各地人士又以困窮關係，不能預為救旱避潦的方法，偶遇天時失調水旱為災，當地農民飢寒交迫，沒人恤視，窮愁之餘遂思叛變。道光臨了的幾年，兩廣地方連歲饑饉，會黨乘之，暴動遂起。[1] 洪秀全等復乘大暴動機會，糾合同志設保良攻匪會，一方救濟未暴動的農民，一方安撫或收容已暴動而為官兵所擊潰的會黨及農民，以是而大革命序幕以啟。凌氏《太平天國野史》卷一《天王本紀》云：

……是時廣西薦饑，羣盜蜂起，慶遠則有張家福、鍾亞春，柳州則有陳亞漬，武定（疑是宣字之誤）則有劉官方、粱亞九，象州則有區振祖，澤

1　見上海中華書局所出版但燾譯本第六十二章《太平軍之大起》。

州則有謝江殿，大股則數千人，小股亦數百人，四出擾民，焚掠甚慘。秀全乘之，與馮雲山、楊秀清創立保良攻匪會，練兵籌餉，而揭竿之勢以成。……道光三十年六月……秀全始起事於金田村。金田村者，桂平縣地，西則武定（宣）、貴縣，客民夙與土民雜處相仇，村人韋昌輝饒於資，與秀全勾結，號曰十兄弟……

伶俐《太平天國革命史》第二章亦云：

一八五〇年（道光三十年）冬，廣西內亂，其失敗之一部分人，均逃入上帝會，藉其保護，遠近亡命者咸扶老攜幼，趨之若鶩，秀全見其黨分子複雜，而有一公共目的，即推翻現政府是也……

又同書第四章云：

太平軍進攻南京時，天王發出以下之告諭：方今全國貪官如盜賊，酷吏似狼虎，朝無賢士，賄賂公行，權貴高張，窮民無告，言之心警，聞之髮指，賦稅日增，民財將竭，猶欺我民，謂前皇三十年前租稅一律蠲免，實則聚斂惟恐不速，徵求惟恐

不嚴，仁人君子，念之傷悲……

這可知農民困苦之確曾促進太平諸人的革命運動了。不但如此，即太平天國要人亦有來自田間的純粹農夫，如忠王李秀成便是此例。凌氏《太平天國野史》卷十三《忠王李秀成傳》云：

> 李秀成……父世高，業農……秀成年十歲，將畢童子業，世高以貧故，遽使輟學治農事。清道光季年……有洪先生者，以傳天主教往來兩廣間，信之者率免盜禍，世高歸之，秀成因亦為教徒……秀全起兵於金田……世高執炊役，秀成時年二十八，發前敵為走卒……

這更可知太平運動與農民的關係了。

根據上述，可知太平天國的革命是反對清政府及其文武官吏以及同情諸富商豪紳的一種運動。他們組織以客家平民為幹部、為中堅，西南各省的平民為助力、為援軍，他們軍隊以農民為基本武力；他們革命方式不採取劇烈暴動，而採取軍事、政治、宗教同時並進的調協行動。有些人以為太平運動是一種資產階級的革命，有些人又以為它是一種無產階級的革命，這都是不明洪

楊起義的緣由而徒為耍名詞套公式的。十九世紀中期，客家社會沒有資產階級的產生或存在，領導太平革命的洪、楊、馮、韋和跟着他們活動的民眾，也非全是無產階級中人，不過受了官吏壓迫，天災降臨，不能不出來奮鬥罷了。如果一定要說出他們所代表階級的話，那麼，我可說太平運動是一種農民階級的革命。本來客人家庭是複式組織，沒什麼純粹農民階級，更沒有其他純粹的職業階級，而他們舉義後所招的系外民眾，除農民或變相式農民外，亦很少別的職業階級中人，所以說他們是農民階級，相較而言恰切一些。

太平天國首事諸人受時勢和環境的推策，於道光三十年冬，舉義桂平金田村。翌年閏八月，克永安（今蒙山縣），建國號，定官職。又翌年（公元 1852 年），經桂林，出湖南，克全州，五月取道州，六月得桂陽、郴州、安仁、醴陵，七月經長沙，十月克岳州，十一月克漢陽，十二月克武昌，旋治船東下，不一星期克九江、安慶，不一日克蕪湖、太平。咸豐三年二月，進據南京，開國稱制。旋取鎮江、揚州，並派軍北伐，以林鳳祥統第一軍，四月陷安徽鳳陽，五月取河南歸德，七月渡黃河，克懷慶，北出山西，九月陷平陽，下直隸，

克平野、藁城。十月陷深州，東取靜海，去天津僅十里，為清軍所圍，翌年二月，不得已南退。又以吉文元、李開方等統第二軍，自安慶出發，咸豐三年十月，陷桐城、舒城，十二月陷廬州、六合，翌年四月，取山東臨清州，五月克高唐州，遇清將僧格林沁，苦戰不利，開方為清廷所殺。[1]

　　是時，各地義民多回應太平革命，若非一部分清臣忽於此時出為朝廷效死，太平革命也許可「嘗試成功」，亦說不定。無如時不湊巧，偏有不了解革命的湖湘子弟，毅然以平定太平的職責自任，太平諸王又以各為其民系剛愎自用及領袖野心的根性所誤，互相攻擊不能共治。雖其間如翼王石達開曾於咸豐六年率軍據川，忠王李秀成於咸豐十年起擴土蘇浙二省，在上海一帶與清廷所僱用的英軍相激戰，然而大勢已去，天王所據的南京終於同治三年（公元 1864 年）為曾國荃等所破，

1　見上海中華書局所出版但燾譯本第六十二章《太平軍之大起》及凌善清《太平天國野史》卷一《天王本紀》。

洪天王仰藥身死，李忠王慷慨就義。[1]功敗垂成，徒為讀史者歎息而已！

現在進言太平天國失敗後所留的影響。凌氏《太平天國野史》自序云：

> 泰西之溝通吾華，實始自兩粵，而向時華人之具有世界眼光者，亦維兩粵之人惟較著。太平諸王生聚於斯，習傳彼教，懲於鴉片之敗創深痛巨，於是協謀改革，揭竿而起。雖偏安之局曾不須臾，而清季之廢科舉、尚新學、禁吸煙、重衛生、戒纏足、崇女教，民國之易服制、改陽曆、尊約法、提倡新思潮等等，莫不於是時曾為一度之試驗。而棄帝稱王，模仿英制，以為共主之預備，亦似有深意存焉。設天假之助遂其初志，則今日之傲擾當已成陳跡，東亞大陸，吾黃帝之裔胄，或扶搖直上駕日本而上之，未可知也……

誠然，使當日太平諸人能保持初起時的邁進精神，統一

---

1 見上海中華書局所出版但燾譯本第六十二章《太平軍之大起》及凌善清《太平天國野史》卷一《天王本紀》。

中國，與國人更始為政，其造就必極可觀，不致如今日
內外交迫，若存若滅。然因此以太平國運短促，所志未
遂，遂謂其於中國曾無貢獻，則亦殊不盡然。蓋自吾人
依客觀的態度言之，往往有其人工作雖敗，而其超乎
現實的精神或思想則長留人間，為無形的勝利者。如凌
氏所述者清季及今日的崇向新學、禁止吸煙、禁止纏
足、更易服制、改定曆法等等，均以太平運動為濫觴，
固無用說，而除此以外，尚有關係極巨而影響極大者，
如民族思想、田土政策、女子參政、平等精神、軍國制
度等等，與中國近世歷史關係尤切，茲就個人淺見略述
如次：

（一）**民族思想的遺留**。太平天國失敗後，其殘餘
黨羽，或則逃亡海外或則散伏華南各省，鑒於宗教政策
不合國情，大體皆除去昔日關於上帝教的儀式，而僅以
宣傳反清思想為不忘舊業的尾聲。他們與天地會復相融
合，或稱「洪家」或稱「洪門」或稱「三點」，隨在相
機活動。在南洋則與英荷屬諸政府相廝擾[1]，在國內則與

1　見張相時《華僑中心之南洋》卷上第三章《馬來之人口》、溫
　　雄飛《南洋華僑通史》第十四章《天地會之南來及其騷擾》。

官吏及富豪相抗視，官兵捕之則化整為零，官兵一去又
鼓勵民眾破壞秩序。華南各地的青年很受他們思想的影
響，如近代中國國民革命的領袖孫公中山就在這種空氣
裏長成。吳稚暉（敬恆）《中山年系》[1]有云：「戊寅，清
光緒四年，西一八七八，十三歲，入其叔所設之私塾，
聞講洪楊故事，潛抱革命大志，旋赴夏威夷入耶教學
校。」吾人即謂孫公民族思想的泉源就是太平思想的演
化，都沒甚不合理的。後來孫公組織興中會實行革命，
而會黨領袖鄭士良（弼臣）等便替孫公策劃，謀在粵舉
義，其後清政府卒為孫公及宋（教仁）、黃（興）、黎
（元洪）等所推倒，這不就是太平民族思想的實現嗎？

　　（二）土地政策的遺留。太平設施最可注意的，就
是處置土地的政策。他們很大膽地說要實行土地革命，
要廢除財產私有制度。咸豐三年（太平癸亥年），他們
頒行一種《天朝田畝制度》[2]，分田土為九等，上上田一

1　見吳若《中山先生革命的兩基礎》附錄，坊間所出《總理全書》
　　或《中山全書》卷首皆有附載。

2　太平天國失敗後，其所頒各文件及書籍皆為清吏所焚燬，此據
　　程演生在巴黎鈔回編印《太平天國史料》第一集所載《天朝田
　　畝制度》而言，並參考稻葉《全史》第六十二章。

畝當下田三畝,照人口分給,無論男女,十六歲以上正式授田,十五歲以下則給其半,按各家人口多少,多的多分,少的少分。如一家六人,則三人授好田,三人授劣田,餘的類推,以一年為限。他們分給土地的原則,謂「天下之田,天下之人同耕之。此處不足,遷移彼處;彼處不足,遷移此處。」「凡天下之田,豐荒相通。此處若荒,移彼豐處,以賑此荒處;彼處若荒,移此豐處,以賑彼荒處。務使天下共用天父上主皇上帝之大福,有田同耕,有飯同食,有衣同穿,使地無不均勻,使人無不飽暖。」當時,以尚在軍事時期,故一切土地分配、財政管理、司法審判均由各級軍隊長官分別處理。其制,每人民二十五家為一公社,實為組成共業社會的單位,無論生產或消費,均由法律規定,絕對平等,絕對合一。每季收穫完後,由兩司馬領着軍隊到各家徵收穀、麥、薯、豆、棉、麻、雞、豬等物,送交國庫,銀錢也得充公,只留多少為新收穫未登場前的使用。每公社必設出納庫及教堂,由兩司馬管理,人民婚娶拜壽的宴費都由國庫開支,但不能超過定額,結婚和生子照例可得津貼錢一千文、米一百斤,大家一樣,沒有等級。依他們政策,田畝土地固不許私有,即金錢貨

幣亦不許私藏，私人藏銀十兩或金一兩以上便是犯法，應受處分。這是一種很可注意的政策，可惜當時因為種種關係，沒有把他們理想制度全部實行罷了，不過它的影響卻亦不可小視。孫公中山的民生主義，以「平均地權，節制資本」為方法，以「各盡所能，各取所需」「土地和資本皆歸社會共有」為目的，一般人都說他是綜合西洋社會主義、共產主義而定的執中主義，其實一大部分，據我看還是無形中受太平天國田畝制度影響的，孫公「耕者有其田」的口號，也許就是太平天國「有田同耕」一義的化身。

（三）**女子參政的主張**。太平天國的革命最可注意的，也許還是女權的提高和女子參政的實行。中國素來不承認女子可和男子平權，至於女子干政，那更被認為妖孽醜事，就是歷代事實上曾經專制朝政的皇后或其他有寵的女子，除了武則天外，也是偷偷摸摸不敢正式出名的。惟太平諸王力反此弊，自廣西出發即有女軍組織[1]，女人並得服任軍師、丞相、檢點、指揮、將軍、

1　見凌善清《太平天國野史》卷十八《女官洪宣嬌傳》及卷二十《餘載女館條》，卷二《職官表》。

總制、監軍、軍帥、卒長、管長諸職（其他與此等官職等級相同而名目不同的尚多），除了沒有封王外，別的都和男官相仿。至於解放奴婢，禁為娼妾，那更不用說了。這種開明政制實足令人敬佩！我們從這一點，亦可看出客人不纏足常健康的特色，纏足的、孱弱的就不配任軍職了。現在男女教育似乎已漸達平等境地，然此亦當以太平天國開科考試分男女兩榜為先例。

（四）平等精神的遺留。太平天國的革命是一種最富平等精神的運動，男女平等不用說了，就是軍中朝中各級官佐或士卒對稱起來，也概曰兄弟或姊妹，就是各人的消費法律上也是一律平等的。至於政權更是不分男女，無論何人均有保舉官吏、奏貶官吏及被保舉為官吏的權利，他們自上至下，做的工作雖各有不同，但向上的機會是一律平等的。這本是一般會黨同具的精神，不過太平天國發揮得比較深切罷了。清季及民國初年革命黨人的平等精神，很受太平天國影響，這是無可疑的，

（五）軍國制度的提倡。太平首事諸人如楊秀清、馮雲山、秦日綱等，或曾少習武術或曾充當鄉勇，於行陣事宜、軍國制度頗稱熟練，所定軍制多前人所不及處。其制為強迫徵兵政策，每家必出一人服務國軍。每

軍領一萬二千五百人，以軍帥統之，總制監軍監之，其下分轄五師帥，各領二千五百人，每師帥轄五旅帥，各領五百人，每旅帥轄五卒長，各領百人，每卒長轄四兩司馬，每兩司馬領伍長五人，伍卒二十人，共二十五人，每軍另有專司開掘地道等工事的土營及其他木鐵等工事的匠營及典官，由本及末，頗得臂使指應的效果。[1]每家餘人亦於暇日講習武事，故一旦有事，通國人民除老弱外皆可為兵。且其軍隊皆由各家徵調而來，流動無常，與由一二軍官招募豢養的不同，故不致為私人利用，釀成軍閥專權的惡習。太平出征，通例男女同出，分館宿營，不許混逸，違者處死。又擇矯健童子編為童軍，任前敵衝鋒及包抄襲擊的工作，每出戰踴躍歡呼，手足輕便，登高陟險，如履平地，倏忽而前，轉瞬他往，最為敵人所苦。而在後大軍亦以童子尚威猛如此，不敢畏縮示弱，因以相助成功。每追獲逃人或敵人偵探，童軍必嚴詞駁詰，嚴刑不貸。而各館搜查洋煙黃煙及邏察犯天條犯軍令各事，童軍亦較成人認真，絲毫

1　見凌善清《太平天國野史》卷三《兵制》。

不掩。[1]如此隨軍訓練，膽氣日雄，能力日充，一至少壯便為國軍中堅，能任常人所不能任的工役。此種軍國民教育確是一種拯救舊中國的絕好藥劑，如此說來，太平天國的真值更是不可否認了。

（六）滿清軍權的轉移為日後推翻清室的張本。太平天國雖以外遇湘軍，內遭訌殺，未直接傾覆清室，然因此而清廷亦終為漢臣所困。關於此層，可分二項來說：一為民眾反清思想的繼長與自覺程度的增加。太平運動雖不久即告平服，然自經彼等大聲疾呼，並給清軍以絕大打擊後，全國人民皆了然於清廷墮落無能及中國革命的可能與必要；二為國家軍權的轉移，朝廷改為一部分漢臣所操縱。清初一切官吏，雖說滿漢並用，然而軍政大權則由滿洲貴族主持，漢臣無得過問。自太平崛起粵西，不得已任湘軍自由施設，以是而朝廷軍權改由漢臣掌握，寖假至宣統時代，袁世凱以統轄北洋軍政全權，派使者與革命軍議和休戰，迫清帝自行退位。[2]中華君主政體的推翻，雖說全由諸革命先烈不斷努力所致，

---

1 見凌善清《太平天國野史》卷三《兵制》。

2 見谷鍾秀《中華民國開國史》第三章《清廷起用袁世凱》。

然太平運動亦不無轉關環境、預開風氣的功勛,「莫為之前,雖美不彰」,沒太平運動,亦未必遽有民國的誕生,這是讀史的人所常說的。

二、客人近代的對外抗戰

近世中國受東西洋各強國壓迫,迫不得已曾與他們戰鬥數次。但說來可愧得很,每次鬥爭,中國官將軍民強半怯弱無能,不能苦鬥。其比較像樣而不為國際所薄的惟道光中英鴉片戰爭,粵省義民自動抗敵,圍擊登陸滋擾諸英兵;光緒乙酉中法戰爭,馮子材扼守諒山,奮勇抗敵;光緒甲午中日戰爭議割台後,劉永福固守台南,與日將樺山資紀互相搏戰;民國二十一年一月二十八日至二月底,日本寇取中國東三省後,在上海肆意攻擾,中國十九路軍與日暴軍拚死廝殺。這四回抗驅強敵,都和客人有絕大關係,都是以客人為主要武力,或以客人為所以策動抗敵的原力。

——其中,關於馮氏抗法經過,古直先生《客人對》曾統述馮氏功跡,謂:

　　欽州馮提督，厚養死士以急國難，開關延敵，如牆俱進，追奔逐北，大破法軍，雪恥除兇，遂復諒山，則衛霍長驅匈奴之奇功也。

　　因古先生沒註明所根據以判定馮氏為客人的論證，所以曾閱《客人對》的學者，往往仍有疑惑。民國二十年五月，友人羅幹青先生嘗和我函辨客家界說問題，他說「如《客人對》拉入馮子材，不知如何！欽縣城內皆講廣府話，不應馮家獨異」[1]，這是最明顯的例子。其實馮氏之原為客人，乃是有客觀證據可引述的。按欽縣城裏雖為廣府系人所獨聚居，然其所轄各鄉，則多客人雜處，這是一般粵人熟知的事。馮氏子孫雖今日已全數城居，然馮氏本人及其祖上各代，本居「城東鴻飛洲沙尾村」[2]，這可知幹青「不應馮家獨異」一疑問，實際上已是不成問題。近日晤友人謝君富禮（幹青弟子），他是

1　見《中山大學文史研究所月刊》第一卷第五期，《關於華南民族的通訊》。

2　此據廣州《欽縣學會會刊》第一卷第二期林繩武《馮子材傳》而言，另據廣東通志館民國十九年《欽縣徵訪卷》馮子材條，則謂馮為欽縣中屯堡白水塘人，大概是一地異名吧。

欽縣籍廣府系人，在中大治史學，他對我述馮氏故實，
謂馮氏確為客人，其孫女某某與彼相識，至今尚操正確
客語。這可說是一種有力證據。為匯列事例便利敘述起
見，當可將馮氏抗法經過附此提錄。

　　公元 1884 年（清光緒十年），中國以法人強佔藩屬
安南，正式和他宣戰。是年三月，清兵二萬，與法軍二
萬五千，於安南北寧開始接仗，旋退回興安，據紅河上
流會稅務司德人德特林（Detring）力任調停，清政府乃
授李鴻章為全權大臣，與法艦長福祿諾（Faurnier）議
定五款。法人以中國易與，復以巡邊為名，遂犯清陸軍
所在地諒山，直薄廣西鎮南關，其提督孤拔（Courbe）
復率艦隊襲福州馬尾，陷台灣基隆，大局岌岌。幸馮氏
急率萃軍十八營往桂防守，大挫法軍。林繩武《馮子材
傳》云：

　　　　時（光緒十年秋）法人已自谷松陷諒山，入鎮
　　南關，桂將楊玉科戰沒，諸軍多潰。……公（指馮
　　氏）始折回入關，眾心稍定……乃親勘陣地，得距
　　關十里之關前坳……於跨東西兩嶺之隘……興築
　　三里餘老牆，外掘四尺深濠，以資扼守，半月而牆
　　壘以成，又築五壘於關左橫坡嶺。萃軍全部均營牆

內之半嶺……法虜時麇聚文淵，偵知將以二月（光緒十一年）初八九日，大舉撲關侵龍，子材乃定先發制政策……初五夜合孝祺軍直攻文淵州……

　　法虜已擬初七晨，悉起諒山之眾二萬餘分三路並力來犯，萃、勤兩軍齊迎戰……子材各軍更番食飯，扼山據牆，終夜不得收隊……初八晨法軍已復猛攻……巨開花彈，數在子材身旁，幸不發。元春（蘇姓）怯敵欲退，挽子材表兄弟黃雲高，囁嚅向子材言，子材以手拔指揮刀叱之……入夜元春親來……子材曰：「……我老矣，今決與此牆共存亡，君年較富，請速行，毋亂軍心也！」……法軍狂悍，已薄長牆，間已越入，子材乃帕首短衣草履，操倭刀一柄，親率大刀隊，大呼一躍出牆外，其子相榮、相華隨之躍出，各軍將士莫不奮感，齊開棚門湧出，肉搏衝敵，縱橫決蕩，關外遊勇客民數千，聞子材親入陣，皆來助戰，伺便隨處狙擊。於是左右擊夾死鬥，火器短兵迸進……千總黃輔成首斬法弁，大呼砍敵，大刀隊刀光破煙，頃刻虜首紛紛落地如果，橫屍枕藉，炮聲頓滅，割取三畫及一二畫法酋首級數十顆，教

匪路熟先竄，法酋翻塞越澗而遁，少倖免者……
法軍乃全潰……計自初六至初八，劇戰歷三晝
夜。初九偵知法虜均退入文淵州城，一夕驚數。初
十午，子材徑率軍出南關追剿……遂克文淵州。
十一日追攻距諒山十五里之界牌……

十二日黃昏，已散伏諒山城外，五鼓突起攻
城，戰至十三晨，法官已紛紛潰退……萃軍蟻附
登城，劈開城門，兵刃交下，遂克諒，法軍悉向北
寧遁，擒斬五畫法弁以下百餘，斃士兵千餘，餉械
無算，法軍膽益喪……十四日，梁管帶有才，馮
都司紹珠，追敵至長慶府，乃克府城，法潰軍向谷
松竄去。十五日午，追敵至觀音橋法壘，又克之，
生擒五畫法酋一，斬三畫法酋二……陳嘉同時攻
谷松，敵勢仍悍，德榜（王氏）力援，亦克之，斬
三畫法酋一。子材復令克長慶諸軍，進兵出諒江
府，令孝祺進兵貴門關。法潰兵返至東京，已作退
出東京之預備。子材曰：「不乘法人敗，待其增援
繕守，成功倍難。」以是畫定掃蕩北圻之策，以東
京為目的地。子材遂決月之二十五日，親督全軍，
進窺北寧。忽傳清廷停戰撤兵之令，子材以兵機方

利，敵患正長，機會可惜，抗疑力爭，函電並馳，謂必須責法人將越地全還越人，方願班師，清廷停戰旨發於二十二日，前軍馮紹珠、麥鳳標等於二十九日尚攻郎甲。撤兵之日，越民挽彎乞留，痛哭不捨⋯⋯

是時「法軍已懾於諸軍諒山之威，復窘於驍將孤拔之死，又以國內新殘於德，萬難持久，頗有進退維谷之象」[1]，奈清政府不悉其情，竟依英使巴夏禮調停，與法和議，認安南為法人保護國，功敗垂成，勝而失地，這怎能令富有愛國保族思想的客人不慨然欲於國內謀民族與政治的革命呢！

三、孫公中山的革命及客家民氣的激昂

太平天國失敗後的三年，中國近代國民革命的領袖孫公中山，也就在廣東香山縣翠亨村誕生了。不久而中

1　參見李泰棻編《北大中國最近世史講義》第四編第五章《安南事件及中法戰爭》。

國局勢也就跟着孫公及其同志諸人的努力而有所轉變。
這是中國現世史上的絕大關鍵，除非不想過問現代中國
各問題則已，不然則於這個關鍵總得加以注意，不能看
輕。但於此尚有一事須得先為解說，這就是孫公系籍的
問題。古先生《客人對》自跋，曾云：

> 此文成後，友人為予言曰：「孫中山先生亦客
> 人也，何以不及？」予往閱林百克《孫逸仙傳記》，
> 先生自言家廟在東江上，遷於翠亨只數代耳。夫東
> 江者客人聚處之域，而先生兄弟平日善為客語，又
> 人人稔知，指為客人誠非無據，然予終以慎審，故
> 不取著錄。頃（中國國民黨）中央黨史編纂會考查
> 先生原籍，距石龍不過三十里，則益近真際矣！特
> 書此以待質定。

這是還不敢十分斷實孫公系籍的言論，我在《評古先生
〈客人對〉》一文[1]曾稍論列，當時是這樣說的：

> 愚按孫公祖先確為客籍。郭冠傑先生嘗為予

1　文見北平《北晨評論》（《北平晨報》副刊）第一卷第十六期。

言：「光宣之際，有梅人某君，嘗以革命事往謁孫
公。初相見，某君強操國語，顧字音不正，出口維
艱，孫公睹狀，慰曰：『聽君語，粵人也，盍以粵
語譚論可乎？』某乃改操廣州白話，顧亦不熟，所
言多不達意。孫公曰：『子殆客家人乎？吾當與子
講客話也。』某怪孫公能客語，叩曰：『總理亦學
客話乎？』孫公曰：『吾家之先固客人也，安得不
解客話？又聞之范捷雲（錡）師云：「孫中山實客
家人與廣府本地系之混血種，所居翠亨原名菜坑，
蓋客家移民初以種菜為生，故以菜坑名村也。」
郭、范二先生學問為時賢所敬，平日熱心是非之
辨，茲所論述當可置信。林百克（Paul Linebarger）
《孫逸仙傳記》（*Sun Yat Sen And The Chinese
Republic*）第一章謂孫公祖祠在東江東莞。」（中國國
民黨）中央黨史編纂會謂孫公原籍距石龍不過三十
里，按其地望亦在東莞縣內，而東莞則固至今尚為

1　Linebarger 氏謂孫公自述祖祠在東江 Kung Kun，下一字為
　「莞」對音，上字當是 Tung 字之誤，據其地望推之當是東莞
　無疑。民十五開智書局譯本誤作龔公，非是。

客人與本地系人雜居之地。夫孫公已自言先代本
為客籍，而原居東莞又確有客家雜居，則孫公上
代為客家之一，不待辯而明矣！然而孫公本人則
不能因此遂謂其為純客人也，何則？林百克《孫
逸仙傳記》第四章曾述孫公家庭，謂孫公生母實
曾纏足。考客家婦女從無纏足之風，孫公生母必
為廣府本地系人。據此，則范先生之言益為不刊
論矣！

　　為着要徹底了解孫公的系籍問題，我曾特地去翠
亨調查過一回，在翠亨離孫公故居不過二十步左右的中
山農事試驗場辦事處住過兩天。據個人調查觀察參合比
證的結果 [1]，昔年那篇短文論述各點幸皆沒甚謬誤。孫公
上代原住紫金，後遷東莞，至十二世連昌公，復於康熙
間與子迴千遷香山縣東鎮湧口門村，與鄰居不很融洽，
故數傳又遷同鎮翠亨村，後來與本地系互通婚媾，至孫
父達成（字道川）時已是本地化了。孫母楊氏及原妻盧

1　我另有《翠亨鄉調查報告書》，在《中山大學文史研究所月刊》
　　第二卷第二期發表。

氏，皆為曾經纏足的本地系人，孫公的姐妹亦曾纏足，孫公父子尚能客語，但他姐妹和母妻則已只操本地系白話了。翠亨村距石門坑凡四里，周圍凡二十四村，就中除翠亨及徑仔路村外，其餘都是純粹的客家村落，孫公上世種種經歷，及其與客人和本地人的關係，各村老年人多少還知道一點。據他們說：「客人和本地人到現在還是不很和睦，惟翠亨孫家則自來主張互相聯和，不肯排客。」[1]。這亦足證他家確是客家和本地二系互相混化的結果。經過了這次的調查，孫公的系屬問題可說已解決着了。

孫公是兼具着客家、本地二系特長的偉人，我在《評〈客人對〉》那篇短文並曾說過：

夫孫公，不世出偉人也。其賦性之堅忍耐勞、冒險進取，其氣量之恢宏廣大、善能容人，其識見之高超卓逸、不拘末務，實足以代表廣府、客家二支漢族之優良族性，謂非廣府、客家實行同化之一種善果不可得也。依不佞愚意，以為孫公人格已超

1　見《翠亨鄉調查報告書》。

在客家、廣府之上，已非純粹客人，亦非狹義本
地，依實定名，似無庸復以客家或廣府諸名目以區
別之！

但此實是含有幾分社會作用的言論，究之真際，孫公本
人雖非純粹客人，其事功或不宜歸於客家民系。然若依
中國「子系從祖」的慣例言之，以其將孫公及其事功給
歸其他民系，似乎不如於敍述客家民系時，權且給歸併
述，較為合理。質之通人，亦當沒甚異議！

　　現代的中國，可以說是純由孫公及其他先烈所宣
導、所經營而形成的局面，這是讀史的人周知的事。現
代的中國，假如沒有孫公及其他革命先烈過去的種種努
力，決不會有這樣的局勢。現代的中國，如果真的把孫
公革命事跡完全抽去，那簡直可說就沒什麼現代史事可
言了。這事說來話長，有中國國民黨各種史傳及主義、
政策、言論、宣言等等材料存在人間，注意這類問題的
人，隨時盡可找集參檢，這裏無用贅述，實際上這裏亦
沒如許篇幅可資贅述。

　　但另外，這有一事須在此稍說幾句，這就是近代
客家一般民氣的活躍。我們打開歷史來看，如辛亥（公

元 1911）那年廣東光復成功後，客家民系便有姚雨平、林震、鄒魯、羅熾揚、吳雨蒼、陳銘樞等，很踴躍地招募了許多客家青年，組織北伐隊伍，與清廷所遣大軍轉戰河南固宿諸地[1]，直至南京革命政府與袁世凱和議告成的時候始停進擊。民二，宋（教仁）案揭發後，各省義士以袁世凱禍國專橫，倡言討伐，李烈鈞於湖口獨立，而客人林虎即與袁、黎（元洪）等所派李純激戰於九江沙河。[2] 民五，袁世凱帝制自為，客人鄒魯、鄧鏗等即謀舉義聲討，而鍾明光則謀炸擊最為袁氏張目的粵督龍濟光氏，惜僅僅傷了龍氏左足，鍾氏反被捕受戮。[3] 民六，張勛、康有為等擁清帝（宣統）復辟，孫公中山號召國人羣起護法，旋令陳炯明率師援閩，而鄧鏗等所率第一師精兵獨蜚聲閩上。[4] 民八，陸榮廷、莫榮新等勾結直系軍閥（曹錕、吳佩孚等），破壞護法運動，客人

1　見鄒著《中國國民黨史稿》第三篇第一章《光復之役》，並參考先君子《希山文鈔．羅鶚搏行述》（代姚雨平擬）。

2　見鄒著《史稿》第三篇第三章《討袁之役》。

3　見鄒著《史稿》第三篇第四章《洪憲之役》及革命紀念會編《紅花崗四烈士傳記．鍾明光傳》。

4　見鄒著《史稿》第三篇第五章《護法之役》。

廖仲愷銜孫公要命，令陳炯明回粵拒莫，鄧鏗等即率部屬轉戰粵中，鄒魯等復以義勇軍名義，派譚啟秀、蔣光鼐與姚雨平等收復潮汕，旋會合諸將逐莫氏出粵，而鄧鏗所部勁旅尤足為軍人模範。[1] 民國十一年，孫公督師北伐，廖仲愷、鄧鏗等實為孫公運籌接濟，雖不久而鄧氏為反對者所狙擊，然所部各客家官佐猶能保持鄧氏治軍精神，卒為後日北伐勁旅。[2] 是年，陳炯明脫離孫公，兵戎相見，鄒魯乃與其他客人如范其務等籌集巨餉，並利用劉震寰、楊希閔為粵垣守衛。[3] 民國十三年，國民黨改組，客人乘時努力革命大業的，更如雨後春筍，日異而月不同，後進如陳公博、鄧演達等等，便一躍而為黨的要人。民國十五年，國民革命軍大舉北伐，客家軍人如張發奎、陳銘樞等，率所部大軍與北洋軍閥轉戰湘鄂魯豫。凡此，皆可說是客人熱烈地拯救中華民族國家的表現，也許這就是少年期民系應有的狀態。

1 見鄒著《史稿》第三篇第五章《護法之役》。
2 見鄒著《史稿》第三篇第六章《討賊之役》。
3 同上。

四、海外客僑與祖國關係

據張相時《華僑中心之南洋》上卷第三章《馬來之人口》的記載，1921 年英屬馬來有客家僑民近二十二萬人；荷屬各地較英屬尤多，合計總在六十萬度。又據陳達所著，時在台客家凡五十萬人。此外如南北美洲及安南、暹羅、緬甸、菲律賓等地亦有不少的客僑。客僑通常時佔華僑總數的四一，這是一般番客常說的。

中國自道咸以來因受列強資本主義的壓迫，經濟地位非常惡劣，自同治三年至民國十五年，六十年間，平均每年海關進口數目超過出口數目約達銀幣七千萬兩以上。這種巨量漏卮實為中國致命創口，然而中國尚能僥倖殘存，這無他，因有海外僑民大批匯款以為彌縫補救是已。這種巨量匯款，雖說不僅為客僑所有，然其屬於客家僑民的諒亦非小，至少諒亦佔百分三十以上。這是海外客僑接濟中國金融、補救中國經濟地位的一般事例。

客家海外僑民，其個人與祖國國家社會有特別關係的，數目亦很不少。遠者如羅芳伯、吳元盛、葉來諸人不去論了，近者如張弼士、張鴻南、戴忻然、鍾樂臣、

胡文虎、謝碧田諸人，其關係亦不算小。

　　張弼士，大埔客人，少以才略著稱，年十四隻身往南洋羣島，運其智慮經營企業，先後以獨力組織各種種植公司、礦務公司、墾荒公司、製造公司、釀酒公司以及銀行等業，無不親見成效，積資至數千萬金。嘗欲為祖國興辦實業，與列強資本主義者相抵抗，惜所僅成煙台張裕釀酒公司一所，克與洋酒抗衡，稍挽回一部分權利。清季，朝廷以張為實業界巨子，特委他為檳榔嶼領事及新加坡總領事，賞頭品頂戴，授太僕寺卿，督辦閩廣農工路礦。至他對於教育的熱心亦足令人敬佩，他在檳榔嶼嘗獨力創辦中華學校，開華僑辦學的先河。[1]

　　張鴻南，號耀軒，梅縣客人，讀書僅二年，即與兄煜南泛海出國，於棉蘭等地經營實業，不二十年擁資至七八千萬，嘗為棉蘭瑪腰（Mayor），頗能替僑胞保障權利，解除糾紛（其姪步青，為棉蘭領事）。又以潮梅交通遲滯，特以獨力經營潮汕鐵路，開中國民間築路風氣。[2]

1　見溫雄飛《南洋華僑通史》卷下《張弼士傳》。

2　見梁紹文著《南洋旅行漫記》三十九《漂亮的棉蘭張領事》、四十《雄視一方的張瑪腰》。

　　戴忻然，大埔客人，年二十四走南洋，以經營農礦諸業積資達數千萬。清季，國弱民愚，忻然以提倡新學為己任，凡南洋各僑胞學校以及粵內各校，其由戴氏資助成立的，指不勝屈。亦嘗任檳榔嶼領事及新加坡總領事，能盡保僑職責，子培基，曾於福建任知府。[1]

　　鍾樂臣，亦大埔籍，為土生華僑，任檳榔嶼華僑銀行經理，於祖國及僑胞倍極愛護，凡僑界公益事業及改革或救濟諸工作，皆能熱心主持。1920年，英屬殖民地政府突公佈一種專以取締華僑教育為職志的條例，華人接閱大譁，羣請當地政府收回成例，卒不得直，樂臣憤然赴英進行交涉，接見新聞記者，發表意見，雖交涉要案為英府拒絕，然其強毅卓拔的風度，已為英倫一般人士所敬服，已為各國輿論所同情[2]，亦足代表一部分客家精神。

　　胡文虎，永定客人，初於緬甸仰光經營藥材行業，後推廣至新加坡等地，性慈祥，好周急，所到必以獨力

1　見溫氏《通史》卷下《戴忻然傳》。

2　見溫氏《通史》卷下《鍾樂臣傳》及梁氏《漫記》十二、十三、十四《紀英人摧殘華僑教育始末》。

設養老院等慈善團體，以救濟年老失業的僑胞，凡無資而欲回國的華人，胡氏必為備資登道，每次以百人或百五十人為伴，船票用費，衣服藥物，概由胡氏供給，這在諸僑民中確是一個別開方面的善士，與祖國社會關係頗巨。[1]

謝碧田，梅縣客人，任俠好義，尤富民族思想，嘗於亞齊辦圖強學校，辛亥革命事起，碧田籌集巨款資黨人為光復運動，各僑胞乃推他為棉蘭亞齊代表，至南京與諸革命同志組織共和政府，旋上書參議院要求給各屬華僑以代議權，幾經爭辯，幸得勝利[2]，僑胞得置身議院，純賴謝氏努力。雖不數年而議會廢止，然華僑與祖國立法上的關係原則已定，此後如推行憲政，海外僑胞即可以僑民資格依成案參加議會，凡此都是海外客僑與近代中國的重要關係。

抑海外客僑於祖國貢獻，尤在於國體方面的更定和政治外交等方面的助力。溫生財、陳敬岳、廖仲愷等

1　見宋藴璞著《南洋英國海峽殖民地志略》第一編《新加坡》第四章名人「胡文虎」條。
2　見劉上木先生編《華僑參政權全案》（上海華僑聯合發行）。

自海外歸國的客家烈士，於祖國革命史上的關係，誰都知了，不用細述。即如王寵惠、刁作謙等於中國近代外交史上頗有關係的客人，考其來歷亦大抵為海外僑民的化身 [1]，這可知海外客僑與中國政治又一關係了。清季比較諳曉洋務的外交大吏，如何如璋 [2]、黃遵憲諸人亦與海外客僑不無相當關係。何氏籍隸大埔，黃氏籍隸梅縣，其地皆為盛產番客（粵人稱往海外經營實業的人曰「番客」）的縣邑，何、黃等少受番客影響，習知海外各事及僑胞痛苦，故一旦出膺使節，都能以保障僑民、締結鄰好、運籌國是，為國人欽式。客家海外僑民看去似與祖國沒多大貢獻，然若細加分析，則其間可令人敬佩的正亦不少。

---

1 刁作謙的父親刁晏平是檀香山華僑，我小時，值他返里，曾在興寧興民中學看見過他。刁氏小時即在檀島讀書，可説是純粹華僑。

2 見溫丹銘（廷敬）先生輯《茶陽三家文鈔》卷首《何如璋傳》及何氏當時關於外交的文章。

五、客家近現代的聞人

所謂聞人是指與國家、社會、民族有關係的人物而言，不是單看他們地位的高下、資格的深淺、名望的大小而說的。地位高、資格深或名望重的人，不見得個個都與國家社會或民族有重要關係，地位低、資格淺、名望不大的人，也不見得個個都與國家社會或民族沒重要關係。重要或不重要，不能單看他們行動的外表，而須究心他們內在的精神、實際的貢獻與其所生的影響。

客家過去的人物，這裏所能題名的只是近現代客家少數聞人而已，即便如此也只能舉些例子而已，不能說真的客家聞人都已在此。同情這類敍錄的人們，如認這裏所述為多錯誤或掛漏，盡可賜函指正，俾另寫專篇詳為論述。

其一為純粹學者。客家純粹的學者，最重要的為義寧陳寅恪師[1]、興寧曾覺之先生。陳師為今日治東方學的

---

1 義寧陳寅恪師，其家上世自福建汀州徙贛，余嘗聞師云：「予家血統，則自祖父以前為純粹客家系也。」師自少在外，未習客語，或疑此不應於此篇敍錄，然據李濟之教授的講述，師頭部的特徵猶與純粹客人相同（李在清華做過測驗），據此則本篇敍述並無不妥。

大師，精深博大，於西人所治東方學的目錄學，中國古代的年曆學，古代與外族有關係各碑誌的比較研究，摩尼教經典與回紇文譯本的研究，佛教經典其梵文、巴利文、藏文、回紇文及中央亞細亞文的譯本與中文譯本的比較研究，蒙古、滿洲與歷史有關係諸書籍及碑誌的研究，皆有過人見解和特殊創獲，為中西學者所敬仰。曾先生長文哲心理諸學，造詣極深，然猶終日乾乾於未能超出前此中外諸大思想家的思想為大憾，所以，聞其風者都能卓然有邁進自立的偉志。曾先生治學的態度看去似極平淡，然而究其真際則實非常積極非常向上。極其思想和態度的影響，必可使中國一般有志的青年，或則優遊於世界思想的深圈，或則突飛於前此世界思想的圈外。這是很可注意的一人！

其二為文學家。客家現在的文人，最重要的為義寧陳三立伯嚴老先生、陸豐溫源寧先生[1]、梅縣張資平先生。伯嚴老先生（即陳寅恪師的父親）號散原，以詩文名海內，並世詩人都莫能與他頡抗，這是一般人所知的事例。溫先生則長西洋文學，戲劇、小說、詩歌無不

1　此據友人曾紀桐先生的講述，我從前亦不知溫先生為客人。

高妙，現代中國言西洋文學的雖人數不少，然皆莫能或先。張先生長於小說創作，雖所作尚多可指摘處，然在中國已算是第一流作家，其影響可更大呢！[1]

　　其三為藝術家。客家過去雖非絕無藝術家可言，然其作品實際沒甚偉大地方，惟現世則人才輩出，最重要的有林風眠、李金髮、劉既漂三家。林先生，梅人，他是「先樹了國畫堅實的基礎，而後從事於西畫之研究，最後遂貫通了東西藝術之方法與精神，而獨創一個性的新作風」的藝術家[2]，他的畫最著名的有《摸索》和《生之慾》二幅，看過的人沒一個不動容、不遐思、不興奮，影響真不小啦！李先生亦梅人，以雕塑著稱，其作品「形似」「神似」，而且還表現着作者高尚思想，看過他作品的人，誰個能說不偉大？劉先生，興寧人，他是美術建築家，中國以前沒人講究美術建築，結實點的人，無論建築什麼，都僅以堅固為主，

1　本篇所述學者及文學大家，本不過略為舉例而已，其實客家與現代中國極有關係的聞人，實已不可勝計，讀者倘能依類推求，亦不必痛詈此篇簡陋也。

2　見林風眠個人展覽會林文錚《林風眠藝術之演化》。

合用不合用，美觀不美觀，他們不管；浮華點的人，那就一味華彩，一味艷麗，美不美，適不適，他們亦不知管。劉先生在中國，可說是「開風氣之先」唯一的美術建築師。除非建築可以不講美術，不然自然會知劉先生的偉大！

其四為政治家。客家出有不少政治人物，如大埔鄒海濱（魯）先生、東莞王寵惠先生、合浦林翼中先生、興寧羅翼羣先生、始興陳公博先生、大埔范其務先生、梅縣曾鶱先生、平遠曾養甫先生、興寧刁敏謙先生等，都是和中國政局關係極大的，他們行動的重要，一般人都清楚，這裏用不着再錄。

其五為軍界聞人。客家近現代軍事上的聞人，有梅縣黃慕松先生、合浦陳銘樞先生、防城陳濟棠先生、始興張發奎先生、陸豐翁照垣先生、龍川黃強先生、五華繆培南先生、合浦香翰屏先生、梅縣黃其翔先生、黃任寰先生，他們的行動，都是和時局關係極大的，明眼人誰個不知，這裏亦不用贅述了。

就客家近現代聞人的類別及造詣來說，在中國可說已一躍佔了重要位置了，然而不足之點仍舊盡多着，就拿他們研究純粹科學的人來講吧，能有獨立創獲、特殊

發明的，究竟找得出一個半個來否？[1]自然有人說，這不能過分地責備年輕士子，然而科學的研究本來就是來日方長的少年人分內的事，來日方長的少年尚不能努力於科學研究，難道還能責成「日暮途窮」的老年人、衰年人去努力嗎？

我們觀察上述，已知客家與現代中國關係的重大了。現代中國雖未嘗為客家民系所支配，然而卻已常常為他們的行為所牽動、所推蕩。這正如一個中國式家庭，雖說一切家事都仍由上了年紀的人在主持着，然而一家大小的日常生活，則事事受家裏年輕男女的牽動；上了年紀的人雖不肯給年輕人去操權或享福，然而一遇着大事，總須利用他們，總須叫他們效力，尤其是對外的角逐，沒有他們簡直不行！

客家是少年期民系，少年人做事往往只有理想只有目的，而沒周詳的方法、適宜的步驟，工作不專，性好遷異，成功的固然極多，而不幸因方法步驟不宜不善橫

---

1 客家研究純粹科學的人，不是沒有（醫學最多），在國內各大學任自然科學教授的，亦不可勝計，但到底不能語於世界發明家之林，這是無可諱言的。

遭失敗的，亦殊非少。不過年輕人到底還有一種「方興未艾」的景象，敢向着人海狂瀾不斷的沖激，這裏落了沉了，別的方面又跳出來了、升起來了，嘗試失敗了，經驗也漸漸多了。客家民系正亦如此。如此後能以其過去經驗，抱定宗旨，及時奮鬥，則將來他們的造就，正合古人說的一句：「足下春秋甚盛，事會之來，正未有極！」

現今「復興再生」的中國，正是需要一般血氣方剛、膽大敢為、耐勞吃苦的青年出來做事！客家，假如可說它是少年期民系的話，那麼這種「復興再造」的責任，它不能不出來肩挑，至少也要比一般歲數較大或較小的同命運的民系奮勇百倍！

「復興再造」的工作，不外：①精神文化的擴充與常新；②科學文化的創立與邁進；③國民素質的躍升；④政治建設的有恆與不腐；⑤經濟建設的邁進與適時；⑥物質建設的適時與適地。客家，如果說他為少年期民系沒有什麼謬誤的話，他當然能從這六個方面進展。客家民系如果能積極地向這六方面進展，則其和現代中國關係的深切，更是不可思議了！過去對於中國的種種貢獻，只是「發皇之引」而已！

客家風情誌

黃火興　　羅碧雲　　李烈原　　著

責任編輯　黃嗣朝
裝幀設計　譚一清
排　　版　賴艷萍
印　　務　劉漢舉

出版　　中華書局（香港）有限公司
　　　　香港北角英皇道 499 號北角工業大廈一樓 B
　　　　電話：(852) 2137 2338　傳真：(852) 2713 8202
　　　　電子郵件：info@chunghwabook.com.hk
　　　　網址：http://www.chunghwabook.com.hk

發行　　香港聯合書刊物流有限公司
　　　　香港新界荃灣德士古道 220-248 號
　　　　荃灣工業中心 16 樓
　　　　電話：(852) 2150 2100　傳真：(852) 2407 3062
　　　　電子郵件：info@suplogistics.com.hk

版次　　1991 年 10 月初版
　　　　2022 年 9 月第二版
　　　　2023 年 10 月第二版第二次印刷
　　　　© 1991 2022 2023 中華書局（香港）有限公司

規格　　32 開（190mm×130mm）

ISBN　　978-962-231-769-7